AUSGEZEICHNETER KUNDENSERVICE IM EINZELHANDEL

WIE MAN IM EINZELHANDEL EINEN HERVORRAGENDEN KUNDENSERVICE BIETET

Serie " Ausgezeichneter Kundenservice "
von: D.K. Hawkins
Version 1.1 ~April 2022
Veröffentlicht von D.K. Hawkins bei KDP
Copyright ©2022 von D.K. Hawkins. Alle Rechte vorbehalten.

Kein Teil dieser Publikation darf ohne vorherige schriftliche Genehmigung der Herausgeber in irgendeiner Form oder mit irgendwelchen Mitteln, einschließlich Fotokopien, Aufzeichnungen oder anderen elektronischen oder mechanischen Methoden oder durch ein Informationsspeicher- oder -abrufsystem, vervielfältigt, verbreitet oder übertragen werden, mit Ausnahme sehr kurzer Zitate in kritischen Rezensionen und bestimmter anderer nichtkommerzieller Verwendungen, die durch das Urheberrecht erlaubt sind.

Alle Rechte vorbehalten, einschließlich des Rechts auf vollständige oder teilweise Vervielfältigung in jeder Form.

Alle Angaben in diesem Buch wurden sorgfältig recherchiert und auf ihre sachliche Richtigkeit überprüft. Der Autor und der Herausgeber übernehmen jedoch keine Garantie, weder ausdrücklich noch stillschweigend, dass die hierin enthaltenen Informationen für jede Person, jede Situation oder jeden Zweck geeignet sind, und übernehmen keine Verantwortung für Fehler oder Auslassungen.

Der Leser übernimmt das Risiko und die volle Verantwortung für alle Handlungen. Der Autor kann nicht für Verluste oder Schäden verantwortlich gemacht werden, die sich aus den in diesem Buch enthaltenen Informationen ergeben könnten.

Alle Bilder sind frei verwendbar oder von Stockfoto-Websites erworben oder lizenzfrei für die kommerzielle Nutzung. Ich habe mich bei der Erstellung dieses Buches auf meine eigenen Beobachtungen sowie auf viele verschiedene Quellen gestützt, und ich habe mein Bestes getan, um die Fakten zu überprüfen und die Quellen zu nennen, wo es angebracht ist. Sollte Material ohne entsprechende Erlaubnis verwendet worden sein, kontaktieren Sie mich bitte, damit das Versehen korrigiert werden kann.

Die in diesem Buch enthaltenen Informationen dienen nur zu Informationszwecken und sind nicht als Quelle für Ratschläge oder Kreditanalysen in Bezug auf das dargestellte Material gedacht. Die in diesem Buch enthaltenen Informationen und/oder Dokumente stellen keine Rechts- oder Finanzberatung dar und sollten niemals ohne vorherige Rücksprache mit einem Finanzfachmann verwendet werden, um festzustellen, was für Ihre individuellen Bedürfnisse am besten geeignet ist.

Der Herausgeber und der Autor geben keine Garantie oder andere Versprechen hinsichtlich der Ergebnisse, die durch die Verwendung des Inhalts dieses Buches erzielt werden können. Sie sollten niemals eine Anlageentscheidung treffen, ohne vorher Ihren eigenen Finanzberater zu konsultieren und Ihre eigenen Nachforschungen und Sorgfaltsprüfungen durchzuführen. Soweit gesetzlich zulässig, lehnen der Herausgeber und der Autor jegliche Haftung für den Fall ab, dass sich die in diesem Buch enthaltenen Informationen, Kommentare, Analysen, Meinungen, Ratschläge und/oder Empfehlungen als ungenau, unvollständig oder unzuverlässig erweisen oder zu Investitions- oder anderen Verlusten führen.

Der in diesem Buch enthaltene oder zur Verfügung gestellte Inhalt stellt keine Rechts- oder Anlageberatung dar, und es entsteht keine Beziehung zwischen Anwalt und Mandant. Der Herausgeber und der Autor stellen dieses Buch und seinen Inhalt auf der Basis "wie besehen" zur Verfügung. Die Nutzung der Informationen in diesem Buch erfolgt auf eigene Gefahr.

INHALTSVERZEICHNIS.

INHALTSVERZEICHNIS. 4

EINFÜHRUNG. 7

KAPITEL 1 11

KUNDENBETREUUNG IM EINZELHANDEL. 11

KAPITEL 2 18

DIE BEDEUTUNG EINES HERVORRAGENDEN KUNDENDIENSTES IM EINZELHANDEL. 18

KAPITEL 3 24

WARUM EINZELHANDELSUNTERNEHMEN SCHEITERN? 24

KAPITEL 4 31

DER ZUSAMMENHANG ZWISCHEN ZUFRIEDENHEIT UND KUNDENDIENST. 31

KAPITEL 5 37

KUNDENDIENST IM EINZELHANDEL UND KUNDENBINDUNG. 37

KAPITEL 6 42

KUNDENSERVICE FÜR ÜBERLEBEN UND WACHSTUM IM EINZELHANDEL. 42

KAPITEL 7 56

WENN DER KUNDENSERVICE ECHT IST. 56

KAPITEL 8 62

KUNDENSERVICE IST VERGLEICHBAR MIT DATING. 62

KAPITEL 9 74

WARUM IHRE POLITIK KUNDENFREUNDLICH SEIN SOLLTE. 74

KAPITEL 10 81

VERBREITETE MYTHEN ÜBER GUTEN UND SCHLECHTEN SCHLECHTEN KUNDENSERVICE. 81

KAPITEL 11 93

WIE MAN IM EINZELHANDEL EINEN HERVORRAGENDEN KUNDENSERVICE BIETET. 93

KAPITEL 12 98

EINE KUNDENDIENSTSTRATEGIE ZU FORMULIEREN. 98

KAPITEL 13 103

MEHR KUNDENSERVICE UND MEHR UMSATZ MIT EINZELHANDELS-PAGERN. 103

KAPITEL 14 107

KUNDENSERVICE-CHAT IST WICHTIG FÜR ONLINE-HÄNDLER. 107

KAPITEL 15 112

STEIGERUNG DER RENTABILITÄT IHRES UNTERNEHMENS DURCH HERVORRAGENDEN KUNDENSERVICE. 112

KAPITEL 16 120

ANRUFBEANTWORTER FÜR DEN KUNDENSERVICE IM STATIONÄREN EINZELHANDEL. 120

KAPITEL 17 125

KUNDENSERVICE-TIPPS FÜR EINZELHÄNDLER, DIE SOFTWARE FÜR VERKAUFSSTELLEN VERWENDEN. 125

KAPITEL 18 129

SCHULUNGEN FÜR DEN KUNDENDIENST IM EINZELHANDEL SIND EIN MUSS FÜR ALLE EINZELHANDELSUNTERNEHMEN. ...129

KAPITEL 19 135

DIE GOLDENE REGEL DES KUNDENDIENSTES BEACHTEN. 135

KAPITEL 20 139

TIPPS ZUR VERBESSERUNG DES KUNDENDIENSTES IM EINZELHANDEL. 139

SCHLUSSFOLGERUNG. 144

EINFÜHRUNG.

Kunden können aus verschiedenen Gründen zögern, mit Ihnen ins Geschäft zu kommen, z. B. aus Angst vor dem Unbekannten oder davor, überlistet zu werden, aus Sorge um die Zustimmung anderer und aus Zweifel an Ihren Fähigkeiten als Verkäufer. Wenn Sie ihre Ängste kennen, können Sie angemessen reagieren, um ihre Befürchtungen zu zerstreuen.

Die erste Quelle der Unsicherheit für neue Verbraucher ist die Furcht, mit einem unbekannten Unternehmen Geschäfte zu machen. Sie sind neugierig auf die Herkunft des Unternehmens, darauf, ob das Verkaufspersonal professionell und ehrlich ist, ohne aufdringlich zu sein, und ob der Artikel von hoher Qualität ist. Es gibt viele Gründe, warum sie innehalten, bevor sie das Geschäft betreten.

Die Kunden sind auch vorsichtig, wenn sie negative Rückmeldungen über ihre Einkäufe erhalten. Stellen Sie sich eine Kundin vor, die Ihr Reformhaus betritt und über Erschöpfung und mangelnde Vitalität klagt. Nach Ihrer Beratung kauft sie naturheilkundliche Produkte im Wert von 100 Dollar.

Obwohl sie mit ihren Einkäufen zufrieden ist, macht sie sich Sorgen über die Reaktion ihres Mannes, wenn sie mit all diesen Produkten nach Hause kommt. Sie könnte auf eine ablehnende Reaktion stoßen, etwa nach dem Motto: "Warum hast du das alles gekauft? Wir ernähren uns bereits sehr nahrhaft, mit viel Obst, Gemüse und Ballaststoffen. Was brauchen Sie noch?"

Die Kunden wollen sich nicht durch Dinge betrogen fühlen, die sie nie benutzen werden, oder durch minderwertige Waren. Sie zögern, einem Verkäufer ihr hart verdientes Geld zu geben; daher müssen Sie sie beruhigen, indem Sie ihnen Dinge vorschlagen, die ihren Bedürfnissen entsprechen, und die Qualität Ihrer Waren demonstrieren. Gelegentlich wird es auch von Vorteil sein, Ihre Zufriedenheitsgarantie zu besprechen.

Haben Sie schon einmal einem Verkäufer eine Frage zu einem Produkt gestellt, nur damit dieser scheinbar sachkundige Mensch das Etikett liest? Ganz einfach gesagt, ist dies keine beruhigende Verkaufstechnik!

Kunden erwarten, dass sie mit jemandem sprechen, der sich mit den Waren auskennt, wenn sie in Ihr Geschäft kommen, um sich beraten zu lassen. Sie spielen eine entscheidende Rolle als Berater für Ihre Kunden. Daher müssen Sie sich mit Ihren Produkten auskennen. Wenn Sie das tun und ein gründliches Verständnis des Spektrums vergleichbarer Dinge haben, werden Sie das Vertrauen Ihrer Kunden gewinnen - und ihr Geschäft.

Die Kunden wollen sich bei ihren Einkäufen sicher und gut informiert fühlen, also müssen Sie auf dem Laufenden bleiben und sich über Ihre Produkte informieren. Konzentrieren Sie sich darauf, ihre genauen Anforderungen zu ermitteln und ihnen die besten Produkte anzubieten, die diese Anforderungen erfüllen. Erläutern Sie beim Verkaufsabschluss Ihre Zufriedenheitsgarantie, Ihr Rückgaberecht und jede persönliche Unterstützung, die Sie anbieten können, damit Ihre Kunden das Geschäft mit Zuversicht verlassen.

Möchten Sie verstehen, wie Sie die Herzen und Gedanken Ihrer Kunden ansprechen und ihnen Artikel anbieten können, die ihre Zufriedenheit und Ihren Verkaufserfolg sicherstellen?

Anhand von realistischen Beispielen und verschiedenen Übungen im Geschäft zeigt Ihnen dieser Leitfaden, wie Sie die Phasen des ausgewogenen Beziehungsverkaufs und die wichtigen Aspekte eines ausgezeichneten Kundendienstes umsetzen können, die den kontinuierlichen Verkaufserfolg von Spitzenverkäufern im Einzelhandel sicherstellen.

Viel Spaß beim Lesen.

KAPITEL 1
KUNDENBETREUUNG IM EINZELHANDEL.

Wenn ich Einzelhändlern dabei helfe, ihren Kundenservice zu verbessern, frage ich sie zunächst, wie sie ihn definieren. Die häufigste Antwort, die ich erhalte, lautet in etwa: "Nun ja, man bedient die Kunden und hilft ihnen, das zu finden, was sie suchen, und so weiter." Ich glaube, das ist die Vorstellung, die die meisten Menschen von Kundenservice haben.

Ich habe schnell erkannt, dass wir ihn zunächst definieren müssen, um den Kundenservice zu verbessern. Ich definiere ihn als "die Summe aller Handlungen und Aspekte, die es den Kunden ermöglichen, in Ihrem Geschäft das zu bekommen, was sie brauchen oder wünschen". Nach dieser Definition umfasst der Kundenservice weit mehr als die herkömmliche Vorstellung. In der Tat umfasst der Kundenservice alle Aspekte des Einkaufserlebnisses.

Wenn Ihr Geschäft also ungünstig gelegen ist, ist Ihr Kundendienst schon im Verzug, bevor die Kundin Ihr Geschäft erreicht, weil sie Unannehmlichkeiten hatte. Infolgedessen hat sie den Artikel, den sie in Ihrem Geschäft angefordert hat, nicht erhalten.

"Moment mal", könnte man einwenden, "das ist ein Merkmal unseres Standorts, nicht des Kundendienstes". Bitte gehen Sie unvoreingenommen an diese Definition heran und bedenken Sie Folgendes: Sie befinden sich in einem regelrechten Krieg um jeden Verbraucher. Es gab noch nie so viele Möglichkeiten, und deshalb brauchen Sie einen Vorteil.

Mit diesem erweiterten Konzept des Kundendienstes in der Hand können Sie beginnen, Ihr Unternehmen durch eine ganz neue Brille zu betrachten. Der Abschnitt "Elemente" der Definition umfasst alle physischen Merkmale Ihres Unternehmens.

Im Zeitalter der technologischen Kommunikation und der "virtuellen" Interaktion gibt es ein angeborenes Verlangen nach Anerkennung und Kontakt. Wenn Sie die Interaktion zwischen Menschen, d. h. Ihren Kunden und Verkäufern, betrachten, kommen Sie zum Element "Handlungen" des Begriffs. Nehmen Sie sich einen Moment Zeit, um die Definition zu lesen und zu sehen, wie das alles zusammenpasst.

In diesem KAPITEL ist nicht der Platz, um alle "Handlungen" des Kundendienstes zu erörtern, aber hier ist ein kurzer Tipp: Bringen Sie Ihren Angestellten bei, sich so viele Namen Ihrer Kunden wie möglich zu merken. Weisen Sie sie an, die Kunden so oft wie möglich mit ihrem Namen anzusprechen. Ermutigen Sie sie, "freundschaftliche" Beziehungen aufzubauen - Menschen kaufen immer von Freunden, egal unter welchen Umständen.

Wenn Sie beginnen, den Kundenservice auf diese Weise zu definieren, werden Sie auf neue Ideen kommen, wie Sie das Einkaufserlebnis Ihrer Kunden verbessern können. Verbessern Sie das

Einkaufserlebnis Ihrer Kunden, indem Sie einen außergewöhnlichen Kundenservice gemäß dieser neuen Definition bieten, und beobachten Sie, wie Ihr Geschäft floriert!

Kundenservice ist eine altehrwürdige Idee des Einzelhandels. In der Tat ist er vielleicht einer der ersten Streitpunkte in Diskussionen über die Schaffung eines erfolgreicheren Einzelhandelsgeschäfts.

Kluge Einzelhändler haben jedoch erkannt, dass die weithin akzeptierte Grunddefinition des Kundendienstes als kompetente und höfliche Angestellte nicht ausreicht, um einer immer anspruchsvolleren Kundschaft gerecht zu werden.

Eine Forschungsstudie zeigte die Kluft zwischen dem, was das Management von Eisenwarengeschäften und ihre Kunden als wirksame Merkmale der Kundenbetreuung ansehen.

Während über 90 % der Ladenbesitzer angaben, dass freundliche und sachkundige

Mitarbeiter die wichtigsten Faktoren für ein positives Einkaufserlebnis sind, gaben über 30 % der befragten Kunden an, dass zu den wichtigsten Faktoren Dinge wie die große Auswahl, die einfache Navigation im Laden und der einfache Ein- und Ausstieg gehören. Auf der Grundlage dieser Daten ist es vielleicht an der Zeit, Ihre Definition von Kundenservice zu überdenken.

Vielleicht finden Sie im Internet noch andere Definitionen des Begriffs. Ich glaube jedoch, dass die folgende Definition am besten den umfassenden Charakter der oben zitierten Berichte wiedergibt: Kundendienst ist die Gesamtheit der Maßnahmen und Elemente, die es den Verbrauchern ermöglichen, von Ihrem Einzelhandelsunternehmen die Waren oder Dienstleistungen zu erhalten, die sie benötigen oder wünschen.

Vielleicht fällt Ihnen ein anderer Begriff ein, der besser passt, aber der wichtige Punkt ist, dass man die konventionellen Weisheiten neu bewerten muss. Das ist so wichtig, dass ich glaube, dass die Vernachlässigung dieser Aufgabe die Zukunft eines

Geschäfts gefährden kann. Ich bin der Meinung, dass die Elemente des Kundendienstes mit der Präzision eines Chirurgenmessers zerlegt werden müssen.

In der Tat ist es besser, sie zusammen als getrennt zu betrachten, da eines mit dem anderen organisch verbunden ist. Wenn Sie also heute oder morgen durch Ihr Geschäft gehen, sollten Sie das Erlebnis aus der Sicht des Verbrauchers betrachten.

Ist die Präsentation ansprechend, und unterstreicht das Ladenlayout die Anzahl der Produkte, die Sie führen?

Überlegen Sie, ob Sie den menschlichen Teil des Kundendienstes und Ihre Wegweiser und Kommunikationsmittel gleichzeitig eingesetzt haben. Ist Ihr Geschäft darauf ausgerichtet, ein Einkaufserlebnis zu schaffen, anstatt nur Produkte zu verkaufen?

Die Starken werden in dieser extrem wettbewerbsintensiven Zeit, in der Händler tätig sind, überleben. Gelegentlich ergibt sich die Stärke aus einer einfachen Bewertung. Stellen Sie sicher, dass Sie den Kundenservice Ihres Geschäfts neu bewerten.

KAPITEL 2
DIE BEDEUTUNG EINES HERVORRAGENDEN KUNDENDIENSTES IM EINZELHANDEL.

Ein exzellenter Kundenservice geht über den Verkauf an einen einzigen Kunden in einem Einzelhandelsgeschäft hinaus. Hier sind die wichtigsten Gründe, warum ein exzellenter Kundenservice Ihnen helfen kann, Ihr Geschäft auszubauen, und warum ein schlechter Kundenservice Sie wahrscheinlich in den Ruin treiben wird.

1. Erhöhung oder Festlegung des Verkaufs.

2. Kundenrückbesuch.

3. Werbung durch Mundpropaganda

4. Schwund verwalten.

Den Kauf tätigen.

Begrüßen Sie Ihre Kunden immer professionell. Übersehen Sie sie nicht, wenn sie vorbeigehen. Sagen Sie einfach "Hallo". Das zeigt ihnen, dass Sie wissen, dass sie da sind.

Es ist wahrscheinlicher, dass diese Kunden bei Ihnen Hilfe suchen, wenn sie sie brauchen. Seien Sie hilfreich, aber nicht aufdringlich. Ich gehe die Dinge immer aus der Perspektive des Kunden an.

Welche Art von Kundendienst benötige ich?

Wenn ein Kunde einen Artikel nicht finden kann und ihm niemand hilft. Dann haben Sie den Verkauf verloren. Untersuchen Sie Ihren Kunden; wenn er Schwierigkeiten zu haben scheint, etwas zu finden, sprechen Sie ihn an und fragen Sie, ob er Hilfe braucht.

Seien Sie informiert. Nichts ist ärgerlicher, als einem Kunden mitzuteilen, dass Sie nicht wissen, wo etwas ist, wenn Sie es haben. Das ist ein Zeichen dafür, dass Sie das Geschäft verloren haben. Alternativ können Sie dem Kunden, nachdem Sie ihm bei der Suche nach seinem Einkauf geholfen haben, einen Zusatzartikel wie Batterien oder Pommes frites anbieten.

Wiederkehrende Besuche und Mundpropaganda.

Wiederkehrende Kunden und Mund-zu-Mund-Propaganda gehen Hand in Hand. Wenn Sie hervorragende Arbeit leisten, wird der Kunde wiederkommen. Wenn Sie unzureichende Arbeit leisten, wird er nicht wiederkommen. Wenn ihnen Ihr Geschäft gefällt, werden sie einigen Freunden und Verwandten davon erzählen.

Wenn sie eine wirklich schreckliche Erfahrung in Ihrem Geschäft gemacht haben und verärgert gegangen sind, werden sie für den Rest ihres Lebens jedem, den sie kennen, davon erzählen, wenn Ihr Geschäft erwähnt wird. Vielleicht schreiben sie sogar

Briefe und posten in sozialen Medien, um andere darüber zu informieren, wie schlecht der Kundenservice war.

Es ist wesentlich einfacher, einen Kunden zu verlieren als einen zu gewinnen. Oft braucht es fünf neue Kunden, wenn nicht mehr, um den Schaden zu beheben, den ein unzufriedener Kunde angerichtet hat. Es kostet eine Menge Geld für Marketing und Werbung, um einen einzigen neuen Kunden zu gewinnen. Es kostet nichts, fünf Kunden zu verlieren, wenn man innerhalb von fünf Minuten einen wirklich schlechten Kundenservice bietet.

Schwindungskontrolle.

Jetzt sind Sie sicher alle überzeugt, dass ich verrückt bin. Welche Rolle spielt der Kundendienst beim Schwundmanagement?

Eine starke Kundendienstabteilung ist Ihre erste Verteidigungslinie gegen Ladendiebstahl durch Kunden. Wenn ein Ladendieb weiß, dass er beobachtet wird, ist es wahrscheinlicher, dass er den

Laden verlässt, ohne einen Diebstahl zu begehen - betreiben Sie Marktforschung über Ihre Kunden. Ein geübter Ladendieb ist ständig auf der Suche nach neuen Möglichkeiten.

Ich verachte es, wenn ich innerhalb von fünf Minuten viermal von vier verschiedenen Personen gefragt werde: "Kann ich Ihnen helfen?".

Der erste Impuls, den ich hatte, war, mich umzudrehen und zu gehen. Man muss die verräterischen Symptome eines Ladendiebs kennen. Dann kommt der Versuch, ihn zu fassen. Es ist schneller, einfacher und kostengünstiger, einen potenziellen Ladendieb davon abzuhalten, in Ihrem Geschäft einzukaufen.

Denken Sie also daran, dass ein hervorragender Kundenservice die Kunden zum Einkaufen in Ihrem Geschäft verleitet. Die Kunden werden Ihr Geschäft dann ihren Freunden und Verwandten empfehlen. Ihre Kinder werden eine Vorliebe für den Einkauf in Ihrem Geschäft entwickeln und dies auch als Erwachsene tun. Sie erhöhen die Wahrscheinlichkeit, dass ein Geschäft verloren geht, und den Umfang des Geschäfts. Außerdem verringern Sie den gesamten Ladendiebstahl in Ihrem Geschäft.

KAPITEL 3
WARUM EINZELHANDELSUNTERNEHMEN SCHEITERN?

Heutzutage gehe ich nur noch in den Computerladen in meiner Nähe, um Druckertinte zu kaufen. Das liegt daran, dass es das einzige Geschäft in meiner Nachbarschaft ist, das die für meinen Drucker benötigten Tintenpatronen anbietet.

Jedes Mal, wenn ich dieses Geschäft betrete, erlebe ich den gleichen Service. Ständig bin ich gezwungen, mich für längere Zeit an der Kasse anzustellen, während ich darauf warte, dass die Mitarbeiter mich bedienen. Selbst wenn der Laden leer ist, muss ich warten, bis ich bedient werde, während sich eine Gruppe von Mitarbeitern ein paar Meter entfernt von einer leeren Kasse unterhält.

Mein Computergeschäft in der Nachbarschaft und sein Geschwistergeschäft haben zu kämpfen, und die Geschäftsleitung ist ratlos, warum. Ich bin mir sicher, dass der Geschäftsführer im Falle eines Konkurses die Schuld auf ungünstige Handelsbedingungen schieben würde. Sein Geschäft rangiert bei Umfragen zur Kundenzufriedenheit stets auf den hinteren Plätzen und würde nicht als Mitverursacher des Untergangs angesehen werden.

In diesem "Long Tail"-Einzelhandelsumfeld, in dem die Verbraucher ständig mit einer unendlichen Anzahl von Optionen konfrontiert werden, sollte man annehmen, dass Einzelhändler, insbesondere High-Street-Einzelhändler, die Bedeutung eines ausgezeichneten Kundendienstes erkennen und sich bemühen, diesen in ihre Geschäftsstrategie zu integrieren.

30 bis 40 % der Menschen kaufen nur aufgrund des Preises. 70 % der Verbraucher kaufen aufgrund von Qualität und Bequemlichkeit ein. Trotz der Krise im Einzelhandel wächst das Luxussegment weiterhin stark. Das liegt daran, dass die Menschen

unabhängig von den wirtschaftlichen Umständen weiterhin einkaufen werden. Die einzige Frage, die sich stellt, ist, wo sie einkaufen werden.

Luxusgüterhändler erkennen diese Tatsache und investieren in die Ausbildung ihrer Mitarbeiter, um eine hervorragende Kundenbetreuung zu gewährleisten. Mir ist aufgefallen, dass die Mitarbeiter in meinem örtlichen ASDA, wenn sie um Informationen gebeten werden, nicht einfach nur auf etwas zeigen, sondern die Kunden an Ort und Stelle begleiten und fragen, ob sie noch etwas tun können, um ihnen zu helfen.

Die Leute besuchen Restaurants mit minderwertigem Essen, beschweren sich aber nie über die Einstellung des Personals. Wäre das Essen hingegen ausgezeichnet, der Service aber miserabel, würden sie nur äußerst ungern in dieses Restaurant zurückkehren.

Während ein hervorragender Kundenservice für den Erfolg vieler der erfolgreichsten Geschäfte wichtig ist, war ein schlechter Kundenservice ein

Hauptgrund für das Scheitern vieler Einzelhandelsunternehmen.

Es gibt einen Grund, warum ich meine beruflichen Bemühungen nie auf die Einzelhandelsbranche als Kundendienstberater konzentriert habe. In Anbetracht der niedrigen Löhne, der mangelnden Investitionen in das Personal und der hohen Fluktuationsrate war dies nie ein Sektor, der mich begeistert hat.

Meine heutigen Erfahrungen als Verbraucher überzeugen mich jedoch davon, dass der Kundenservice im Einzelhandel einen neuen Tiefpunkt erreicht hat.

Es gibt fünf Hauptgründe, warum der Kundenservice im Einzelhandel bedroht ist und sich rapide verschlechtert:

(1) Das alte Sprichwort "Der Kunde hat immer Recht" wurde durch die Annahme ersetzt, dass der Kunde falsch und böswillig ist. Die Rückgabe eines beschädigten Artikels an einen Einzelhändler führt

fast immer zu einer Befragung und nicht zu einem entschuldigenden Angestellten, der gerne einen Umtausch oder eine Rückerstattung gewährt.

(2) Das "Empowerment" der Mitarbeiter ist aus dem Ruder gelaufen. Es ist eine Sache, intelligenten, gut ausgebildeten und umsichtigen Personen Ermessensfreiheit zu gewähren. Wenn jedoch Dummköpfe mit Autorität ausgestattet werden, treffen sie oft dumme Entscheidungen.

Dies führt zu einer Verschlechterung des Dienstleistungsniveaus. Indem wir unsere Mitarbeiter als "Mitarbeiter" und "Teammitglieder" bezeichnen und ihnen andere übertriebene Titel geben, vermitteln wir die falsche Botschaft und ermutigen die Menschen dazu, sich nach Belieben Vorschriften auszudenken und eigenwillig zu handeln.

(3) Trotz der Zusicherung, dass unsere Transaktionen überwacht werden, um die Servicequalität zu gewährleisten, ist es nur allzu offensichtlich, dass der Kundendienst zu einem Geisterschiff ohne Kapitän und Mannschaft

verkommt. Nur wenige hören zu, und diejenigen, die zuhören, sind nicht in der Lage, problematische Servicepraktiken zu erkennen und abzulehnen.

Einer der Gründe, warum wir immer wieder den Hinweis hören, dass Gespräche abgehört werden, ist der Versuch der amerikanischen Unternehmen, die Kunden davon abzuhalten, verrückt zu werden. Die Angst vor Lauschangriffen verhindert, dass berechtigte Empörung zum Ausdruck gebracht wird.

(4) Es gab eine Zeit, in der ein Ethos dem von dem Soziologen Erving Goffman entwickelten dramatischen Modell ähnelte. Im Geschäftsleben setzten wir uns mit einem breiten Grinsen auf die Bühne und erfüllten unsere Pflicht; wir wurden angewiesen, unsere Sorgen und Probleme hinter der Bühne für uns zu behalten, wenn wir nicht am Arbeitsplatz waren. Das ist jetzt anders.

Heute können die Arbeitnehmer ihr Privatleben öffentlich machen und ihre Rollen nach Belieben selektiv erfüllen. Das macht den Einkauf zu einem Glücksspiel. Wenn man durch die Tür eines

Unternehmens tritt, weiß man nie, was oder wen man bekommt.

(5) Durch die Einstellung von unzureichendem Personal, das sich kaum über Grunzen und Stöhnen hinaus verständigen kann, haben die Unternehmen ihre Outsourcing-Strategie auf die Einstellung von Mitarbeitern in den Geschäften ausgedehnt. Kaufen Sie die schäbigsten Produkte, erhöhen Sie den Preis und stellen Sie das billigste Personal ein, um Ihre Geschäfte zu besetzen. Investieren Sie Ihre Gewinne in die Miete des Einkaufszentrums, in Werbung, Public-Relations-Hype und extravagante Gehälter und Sozialleistungen für Angestellte.

KAPITEL 4
DER ZUSAMMENHANG ZWISCHEN ZUFRIEDENHEIT UND KUNDENDIENST.

Der Wettbewerb hat sich in der heutigen Zeit verschärft, da die Kunden weiterhin von den Einzelhändlern verlangen, dass sie ihre Erwartungen erfüllen und übertreffen. Aufgrund der Homogenität der Produkte von Einzelhandelsunternehmen konzentrieren sich diese zunehmend auf einen effektiven Kundenservice, um sich einen Wettbewerbsvorteil zu verschaffen. Die Zufriedenheit und das Vertrauen der Kunden sind für diese Unternehmen wichtig, um Wiederholungskäufe zu gewährleisten.

Da diese Unternehmen in einem hart umkämpften Markt tätig sind, in dem die Kunden viele Möglichkeiten haben, Einzelhändler zu wählen, widmen sich Einzelhändler der Untersuchung von Merkmalen, die zur Kundentreue und -bindung beitragen.

Der Einzelhandel ist eine Form des Handels, bei der ein Unternehmen oder eine Geschäftsorganisation Produkte direkt an Verbraucher verkauft. Aufgrund ihrer direkten Beziehungen zu den Kunden sind diese Unternehmen unmittelbar an der Bereitstellung von Waren und Dienstleistungen für den Kunden beteiligt.

Die Zufriedenheit und das Vertrauen der Kunden in Einzelhandelsunternehmen hängen vor allem von der Qualität der angebotenen Dienstleistungen ab, da sie homogene Produkte anbieten, die in den einzelnen Geschäften nicht unterschieden werden können.

Supermärkte, Lebensmittelgeschäfte, Buchhandlungen, Convenience Stores und Sanitätshäuser sind allesamt Einzelhandelsunternehmen. Beispiele hierfür sind:

Bücher-A-Million.

Books-A-Million, abgekürzt BAM!, ist eine Kette von Buchhandlungen (Bücher, Spielzeug und mehr). Mit fast 200 Standorten ist sie die zweitgrößte Buchhandelskette in den Vereinigten Staaten. Abgesehen von den Waren, die sie verkaufen, darunter Bücher, Spielzeug und Schreibwaren, zeichnen sie sich auch durch ihre Dienstleistungen aus. Die Buchhandlung hat ein Online-Hilfezentrum eingerichtet, um Kunden zu unterstützen.

Die Kunden können den Status ihrer Bestellung oder das Guthaben auf ihrer Geschenkkarte auf der Hilfe-Website von Books-A-customer Million überprüfen. Das Unternehmen reagiert prompt auf Beschwerden und Anfragen seiner Kunden.

Um einzigartige und außergewöhnliche Dienstleistungen im Zusammenhang mit den Vorzeigeprodukten des Ladens anzubieten, strebt

Books-A-Million danach, einen Wettbewerbsvorteil gegenüber anderen Buchhandlungen zu erzielen.

Das Hauptziel der Buchhandlung besteht darin, eine Vormachtstellung bei der Bereitstellung hochwertiger, schneller Dienstleistungen für die Kunden zu erlangen, um Wiederkaufabsichten zu wecken. Das Wiederkaufsverhalten der Kunden zeigt, wie zufrieden sie mit den Dienstleistungen des Unternehmens sind; Zufriedenheit oder Vertrauen führen schließlich zu Kundentreue und Zufriedenheit.

Wal-Mart.

Wal-Mart ist ein Fortune-500-Einzelhandelsunternehmen, das eine Discount- und Lagerhauskette besitzt und betreibt. Mit 4177 Filialen gehört das Unternehmen zu den größten Einzelhandelsketten in den Vereinigten Staaten.

Wal-CEO Marts erklärte, dass wiederkehrende und loyale Kunden für die Rentabilität des Unternehmens wichtig sind. Außerdem bemerkte er, dass unsere Kunden unserem Geschäft gegenüber loyaler sind, da unsere Mitarbeiter sie professioneller bedienen als in anderen Geschäften.

Wal-Mart legt seit langem großen Wert auf die Ausbildung und Einstellung netter Mitarbeiter, die erkennen, dass der Kunde König ist, und entsprechend reagieren. Durch die Einführung kundenorientierter Praktiken ist Wal-Mart erfolgreicher als seine auf Gewinnmaximierung ausgerichteten Konkurrenten.

Die Strategie von Wal-Mart basiert auf der Anerkennung des Personals, was wiederum den Kunden erfreut. Wal-Mart, so wird argumentiert, erbringt Dienstleistungen für seine Kunden, während seine Konkurrenten ihren CEO bedienen wollen.

Zu den Grundsätzen von Wal-key Mart gehören: Der Kunde hat immer Recht, dem Kunden einen Mehrwert bieten, den Kunden erfreuen, die Mitarbeiter belohnen und sich um die Gebiete kümmern, in denen das Unternehmen tätig ist.

Barnes & Noble Inc.

Barnes & Noble ist ebenfalls ein Einzelhandelsunternehmen. Es ist die größte Buchhandlung in den Vereinigten Staaten und der größte Verkäufer von digitalen Medien und akademischen Artikeln. Barnes & Noble besitzt und betreibt 658 unabhängige Einzelhandelsgeschäfte und 714 College- und Universitätsbuchhandlungen.

Kundenzufriedenheit und Servicequalität sind die Hauptziele des Unternehmens. Außerdem bietet es seinen Kunden Online-Statusinformationen zu ihren Bestellungen, erfasst Online-Bestellungen und Kundenbeschwerden und reagiert so schnell wie möglich darauf. Das Hauptziel dieser Dienstleistungen ist es, die Zufriedenheit der Kunden zu gewährleisten, was wiederum zu Kundentreue und Engagement für das Unternehmen führt.

KAPITEL 5
KUNDENDIENST IM EINZELHANDEL UND KUNDENBINDUNG.

Auf dem extrem wettbewerbsintensiven Markt von heute wird es für Unternehmen immer schwieriger, Kunden zu halten, insbesondere für Einzelhandelsunternehmen, die mit homogenen Produkten handeln. Überlegene Servicequalität ist der einzige Weg, um die Zufriedenheit und das Vertrauen der Verbraucher in einem solchen Wettbewerbsumfeld zu gewinnen. Wenn ein Kunde mit den Dienstleistungen eines Unternehmens zufrieden ist, wird er wahrscheinlich wieder bei diesem Unternehmen einkaufen.

Das wiederkehrende Kaufverhalten des Kunden zeigt seine Hingabe und sein Engagement für das Unternehmen, und er wird nicht die Absicht haben, zu einem anderen zu wechseln.

Untersuchungen zufolge ist die Servicequalität wichtig für die Kundenbindung.

Beitrag zum Portemonnaie.

Es handelt sich um einen Marketingbegriff, der sich darauf bezieht, wie viel Geld Kunden für ein bestimmtes Produkt oder eine bestimmte Dienstleistung eines Unternehmens ausgeben. Der Anteil des Geldbeutels eines Einzelhandelsunternehmens für jedes verkaufte Produkt kann berechnet werden, indem das Volumen jedes verkauften Produkts verfolgt wird.

Dies ist ein Verfahren, das Organisationen oder Unternehmen anwenden, um die von einem bestimmten Kunden erzielten Einnahmen zu ermitteln. Der Beitrag jedes Kunden zu den Gesamteinnahmen des Unternehmens spiegelt das Kaufverhalten des Kunden und die Häufigkeit des Kaufs bestimmter Produkte wider. Ein zufriedener Kunde trägt mehr zu den Gesamteinnahmen des Unternehmens bei.

Verweise.

Eine Empfehlung ist auch eine Marketingphrase; sie bezieht sich auf die Verbreitung von Informationen über ein bestimmtes Produkt, eine Dienstleistung oder ein Unternehmen durch Mundpropaganda. Ein zufriedener Kunde verbreitet positive Mundpropaganda über das Unternehmen und empfiehlt dessen Produkte und Dienstleistungen an seine Freunde und Geschwister weiter. Andererseits verbreitet ein unzufriedener Kunde negative Mundpropaganda über das Unternehmen, was zum Verlust bestehender und neuer potenzieller Kunden führt.

Entwicklung des Aktienmarktes.

Die Börsenleistung misst die individuelle und kollektive Leistung von börsennotierten Unternehmen. Zufriedene Kunden erhöhen direkt oder indirekt die Einnahmen und Gewinne des Unternehmens, was sich positiv auf den Wert der Unternehmensaktien auswirkt und letztlich zu einer überdurchschnittlichen Leistung des Unternehmens an der Börse führt, die an der Häufigkeit des Handels der Unternehmensaktien gemessen wird.

Wie oben dargelegt, versuchen Einzelhandelsunternehmen, auf dem heutigen Wettbewerbsmarkt einen Wettbewerbsvorteil zu erzielen, indem sie versuchen, sich von ihren Konkurrenten abzuheben.

Dies ist nur möglich, wenn sie einen hervorragenden Kundenservice bieten. Wie in Forschungsstudien nachgewiesen wurde, besteht ein signifikanter und positiver Zusammenhang zwischen den Parametern der Servicequalität und der Kundenzufriedenheit.

Außerdem hat sich gezeigt, dass ein zufriedener Kunde für das Unternehmen von Vorteil ist, da er oder sie ein wiederkehrendes Kaufverhalten an den Tag legt, zum Umsatz des Unternehmens beiträgt und positive Mundpropaganda über das Unternehmen fördert.

Kundenzufriedenheit und Servicequalität sind in der heutigen Welt zu den am häufigsten verwendeten Messgrößen für die Messung und das Management von Kundentreue und -bindung geworden.

KAPITEL 6
KUNDENSERVICE FÜR ÜBERLEBEN UND WACHSTUM IM EINZELHANDEL.

Wenn Sie ein Kleinunternehmer sind und um Kunden konkurrieren, dann konzentrieren Sie sich um Himmels willen auf den Kundenservice! Dies ist ein Bereich Ihres Angebots, in dem Sie es richtig machen können, ohne viel (oder gar kein) Geld auszugeben. Sie haben es mit Menschen zu tun, die bereit sind, ihr hart verdientes Geld für Ihre Waren auszugeben, also behandeln Sie sie mit Anstand.

Respektlosigkeit.

"Natürlich schätze ich meine Verbraucher", werden viele Einzelhändler antworten. Nein, das tun Sie nicht, oder zumindest ein beträchtlicher Teil von

Ihnen nicht. Ich weiß sehr wohl, wie viele andere auch, dass Kunden in Geschäften oft als lästig empfunden werden. Sie behindern sie. Sie stellen rätselhafte Fragen. Gelegentlich kaufen sie etwas und beschweren sich.

Schlimmer noch, andere kaufen gar nichts und jammern weiter. Manche Kunden betrachten Ihr Geschäft als Treffpunkt, während andere nur eine Zeitung pro Woche kaufen.

"Sehen Sie, ich meckere über Kunden", werden einige von Ihnen einwenden, "aber nie im Geschäft und immer hinter verschlossenen Türen". Falsch! Seien Sie nicht unhöflich zu Kunden, auch wenn sie nicht in Hörweite sind. Einfach gesagt: Behandeln Sie Kunden niemals respektlos, egal wann und wo.

Kein Lippenbekenntnis, sondern Dienst am Kunden.

Ich werde zwei große Unternehmen als Beispiele dafür anführen, wie sie sich entschieden haben, in ihren Unternehmen eine Kultur der Kundenbetreuung einzuführen. Betrachten wir zunächst Dell. Das Unternehmen hat bei einigen Kunden einen schlechten Ruf, ob zu Recht oder nicht.

Dafür gibt es viele Gründe, und viele davon waren eher strukturell bedingt als ein Ergebnis der Art und Weise, wie die Kunden behandelt wurden. Das Ergebnis war dasselbe, aber viele Verbraucher waren der Meinung, dass sie nicht mit dem ihnen gebührenden Respekt behandelt wurden. Dell hat vor kurzem seinen Kundensupport neu gestaltet.

Neben der Verbesserung der Strukturen und Systeme hat das Unternehmen einen bedeutenden Schritt nach vorne gemacht, indem es die Bedürfnisse der Kunden in den Vordergrund gestellt hat. Natürlich ist Dell kein kleines Einzelhandelsunternehmen. In der Tat gehört der Einzelhandel zu den Aufgaben des Unternehmens; es beliefert auch viele andere Händler.

Alle Bemühungen im gesamten Unternehmen, von der Vorstandsetage bis zu jedem Mitarbeiter und jeder Tochtergesellschaft, sind auf die Kunden ausgerichtet, und das funktioniert. Allerdings hat man erkannt, dass Kundenservice eine mentale Angelegenheit ist. Die Kunden sollen respektvoll angesprochen werden, auch wenn sie nicht anwesend sind.

Ich bin sicher, dass es Menschen gibt, die gegenteilige Geschichten zu erzählen haben, und ich bin sicher, dass sie einen langen Weg vor sich haben. Ich glaube, Dell ist auf dem richtigen Weg und wird sich dadurch noch deutlich weiterentwickeln.

Ein weiteres Unternehmen ist das britische Unternehmen Tesco, das Filialen in ganz Europa und im Fernen Osten betreibt.

Auch wenn sie nicht vorgeben, perfekt zu sein, haben sie eine tief verwurzelte Kundendienstkultur. Beim Kundenservice geht es in diesem Sinne nicht darum, etwas vorzutäuschen oder zu leisten. Es geht um echte Wertschätzung für die Menschen, die Ihr Gehalt zahlen - Ihre Kunden. Es geht darum, echten

Kundenservice zu bieten und nicht nur ein Lippenbekenntnis.

Blickkontakt aufrechterhalten.

Wenn Kunden ein Produkt von Ihnen kaufen, gehen sie einen Vertrag mit Ihnen ein, der sie mit Dingen versorgt. Wenn die meisten Menschen eine Transaktion beenden, geben sie sich die Hand.

Auch wenn dies in einem Geschäft übertrieben erscheinen mag (obwohl es in einigen Kulturen vorkommt), verdienen die Kunden die volle Aufmerksamkeit des Kassierers, sobald sie ihren Einkauf abgeschlossen haben, um sich zu bedanken und ihnen Respekt zu erweisen (ich bin mir bewusst, dass in einigen Kulturen Augenkontakt nicht angemessen ist, insbesondere zwischen Männern und Frauen).

Beanstandungen.

Beschwerden sind nicht nur notwendig, sie sind auch äußerst nützlich. Der Verbraucher hat sich die Zeit genommen, Ihnen seine Meinung mitzuteilen. Sie geben Ihnen die Möglichkeit, das Versäumte nachzuholen.

Denken Sie bitte daran, dass Verbraucher, die sich beschweren, keine Axtmörder sind. Vielmehr würden sie es vorziehen, zu schweigen. Genau wie Sie versuchen sie, den Tag mit so wenig Unannehmlichkeiten wie möglich zu überstehen.

Ihr Anliegen sollte ernst genommen und angemessen behandelt werden. Auch wenn Sie dem Verbraucher nicht helfen können, sollten Sie ihm stets Respekt entgegenbringen. Wenn er sich darüber beschwert, dass der Mehlpreis zu hoch ist und Sie nichts daran ändern können, denken Sie daran, dass auch wenn Sie nichts tun können, das Problem bestehen bleibt, zumindest in den Augen des Kunden: Das Mehl ist immer noch zu teuer.

Vermeiden Sie es, mit den Schultern zu zucken und den Kunden im Stich zu lassen; das führt nur zu Frustration und gibt dem Kunden das Gefühl, hilflos und gedemütigt zu sein, besonders wenn die Situation öffentlich ist.

Denken Sie daran, dass der Mensch ein stolzes Wesen ist, das es verabscheut, abgewiesen oder gedemütigt zu werden. Wenn Sie sagen: "Ich weiß Ihre Bemerkungen zu schätzen; ich werde sie weiterleiten" oder "Ich werde Ihren Punkt bei unserer nächsten Teambesprechung ansprechen", dann unterstützen Sie weder die Bemerkungen des Kunden noch lehnen Sie sie ab.

Was Sie anbieten, ist etwas, an das sich der Käufer klammern kann. Der Verbraucher kann zumindest das Gefühl haben, dass seine Beschwerde etwas bewirkt hat, auch wenn es unbedeutend ist, und dass er einen gewissen Wert hat.

Und nun zum wichtigen Teil: Sie sind sicher davon ausgegangen, dass die Mehlbeschwerde damit beendet ist, oder? Sicherlich nicht! Wie ich bereits sagte, handelt es sich hier um einen mentalen Zustand. Sie sagten, Sie würden den Kommentar weiterleiten, also tun Sie das auch. Ihre Mitarbeiter sollten motiviert sein, im Interesse Ihrer Kunden zu handeln.

Wenn ein Kunde der Meinung ist, dass das Mehl überteuert war, sorgen Sie dafür, dass die Bemerkungen dieses Kunden Sie, den Geschäftsinhaber, erreichen. Nehmen Sie sie mit. Sind Sie in der Lage, den Preis zu senken? Nein? Wenn dies der Fall ist, sollten Sie sich zumindest bei Ihrem Großhändler nach einer Preissenkung erkundigen.

Gehen Sie dabei so weit wie möglich vor. Der Verbraucher, der sich beschwert hat, kann einfach fragen: "Haben Sie meinen Kommentar weitergeleitet?" Wäre es nicht wunderbar, diesem Verbraucher eine Rückmeldung zu geben, selbst wenn die Nachricht nicht das ist, was er erwartet hat? Ja, ich weiß, dass es Kunden gibt, die unendlich ungeschickt sind.

Aber das sind nur wenige, und die meisten kann man mit Humor nehmen. Ich beziehe mich nicht auf die 1 %, sondern auf die 99,9 % der anständigen

Kunden, die keinen Konflikt suchen, sondern einfach nur einen guten Preis wollen.

Personalentwicklung.

Denken Sie daran, dass der Respekt der Verbraucher wichtig ist. Augenkontakt ist (in den meisten Kulturen) eine positive Sache, umso mehr, wenn der Kunde am Ende seines Einkaufs steht. Es ist auch wichtig, den Kunden zuzuhören und auf ihre Kommentare zu reagieren.

Dies muss Ihrem Personal vermittelt werden. Wenn ein Mitarbeiter Waren an die Kunden ausliefert, muss auch er entsprechend geschult werden. Selbst wenn ein Mitarbeiter nur wenig Kontakt mit den Kunden hat (z. B. ein Lagerist), sollte er die gleiche Schulung erhalten, wenn er von einem Kunden angehalten und befragt wird.

Diese fürsorgliche, zuhörende und vor allem respektvolle Kultur wird bei den Kunden nur funktionieren, wenn das Personal sie vorlebt; andernfalls werden die Kunden eine unwillkommene

Atmosphäre in Ihrem Geschäft spüren, die sie davon abhält, wiederzukommen. Ein wichtiger erster Schritt im Kundenservice besteht darin, dass die Mitarbeiter einander mit Respekt behandeln und dass Mitarbeiter und Management einander mit Respekt behandeln.

Wenn Sie kein Personal haben, sollten Sie sich selbst schulen! Gehen Sie positiv und respektvoll mit Ihren Kunden um. Erinnern Sie sich an den Mehlvergleich von vorhin. Wenn Sie der Inhaber sind, können Sie dem Verbraucher vielleicht erklären, warum er mehr bezahlen muss, als er möchte.

Ja, ich weiß, dass Zeit wertvoll ist und dass guter Kundenservice nicht dadurch entsteht, dass sich eine Schlange bildet, während Sie sich mit einem Kunden über Mehl unterhalten! Nutze den Augenblick. Ich verstehe, dass Artikel wie dieser wenig hilfreich sind, wenn man vor dem Problem steht.

Ich denke an das große Ganze und bin mir bewusst, dass es in hektischen Zeiten Ausnahmen geben wird. Bitte denken Sie daran, dass ein respektvoller Umgang miteinander und mit den Kunden zu einem angenehmeren Arbeitsumfeld führt, was wiederum die Arbeitsmoral erhöht. In der Tat, ein positiver Kreislauf.

Denken Sie auch an das Erscheinungsbild Ihres Personals. Ihr Personal muss sauber und gut gekleidet sein - erst recht in einem Geschäft, in dem Lebensmittel oder Medikamente verkauft werden.

Hygiene.

Halten Sie Regale, Einrichtungsgegenstände, Wände und Böden stets sauber. Auch das Erscheinungsbild des Personals und die persönliche Sauberkeit sind wichtig. Während die Notwendigkeit einer angemessenen Sauberkeit in einem Lebensmittelgeschäft selbstverständlich ist, ist sie auch in Non-Food-Einrichtungen wichtig.

Sauberkeit ist ein Bereich, in dem Sie Ihre größeren Konkurrenten übertreffen können. Auch wenn es kostspielig sein mag, sollten Sie sich um eine gute Beleuchtung im gesamten Geschäft bemühen.

Die einzige Ausnahme ist vielleicht der Verkauf von Modeartikeln, bei denen die Beleuchtung "stimmungsvoll" sein muss.

Unabhängig davon, wie aufgeräumt ihr Geschäft ist, sorgen Sie dafür, dass Ihres sauberer ist. Die Kunden werden sich zu diesem Thema nicht äußern. Wenn Kunden glauben, dass Ihr Geschäft unhygienisch ist oder dass Sie oder Ihr Personal unhygienisch sind, werden sie einfach gehen, ohne Ihnen eine Erklärung zu geben.

Dieser Aspekt beeinflusst einen großen Prozentsatz der Kunden mehr als jeder andere, weshalb Hygiene ein großes Anliegen ist. Ich bin erstaunt über die große Zahl kleiner Händler, die zwar den Verlust von Kunden an große Geschäfte beklagen, aber bereit sind, ihr Geschäft in einem schmutzigen Zustand zu hinterlassen.

Mündliche Kommunikation.

Es gibt einige Geschäfte, die ich aufgrund der Einstellung des Personals meide. Wenn ich darüber nachdenke, habe ich das betreffende Geschäft nur einmal besucht - und das ist schon ein paar Jahre her. Das Problem ist, dass mein erster Eindruck mein letzter war. Es ist wahrscheinlich, dass viele der Mitarbeiter, denen ich begegnet bin, das Unternehmen verlassen haben und dass ein neues Management die Leitung übernommen hat.

Ob zu Recht oder zu Unrecht, ich habe immer noch ein negatives Bild von diesem Geschäft im Kopf und habe mich daran gewöhnt, es zu meiden. Schlimmer noch, nach meiner einen negativen Erfahrung habe ich meine Frau informiert, die wiederum ihre Bekannten informiert haben könnte.

Wie Sie wahrscheinlich wissen, dauert es Jahre, um einen guten Ruf aufzubauen, und Sekunden, um ihn zu zerstören. Und warum? Weil Menschen, die mit ihrer Erfahrung zufrieden sind, dazu neigen, sie für sich zu behalten. Wenn sie verärgert sind, machen sie ihrem Ärger Luft.

Ein negativer Ruf, der durch einen schlechten Kundenservice entsteht, kann Ihr Unternehmen letztlich zerstören. Während Sie sich auf Gewinnspannen, Gemeinkosten und alles andere konzentrieren, entgleiten Ihnen möglicherweise Ihre Kunden, weil Sie sich nicht bewusst waren, wie unfreundlich ein oder zwei Ihrer Mitarbeiter sein können.

Der Kundenservice hat in den letzten Jahren in einigen Unternehmen an Bedeutung verloren. Machen Sie für sich selbst eine Ausnahme. Ein exzellenter Kundenservice ist persönlich erfüllend und wird letztlich zum Überleben und sogar zum Wachstum Ihres Unternehmens beitragen.

KAPITEL 7
WENN DER KUNDENSERVICE ECHT IST.

Der Begriff "Kundenservice" wird so oft verwendet, dass er seine Bedeutung verloren hat. In jeder Stellenausschreibung für Verkaufspersonal wird er gebraucht, Einkäufer sprechen ständig darüber, und Manager und Vorgesetzte bestehen darauf, dass ihre Mitarbeiter stets einen hervorragenden Kundenservice bieten.

Exzellenter Kundenservice ist mehr als ein freundliches Lächeln, auch wenn das ein wesentlicher Bestandteil ist. Es ist mehr als eine angenehme Konversation, auch wenn Personen, die im Einzelhandel oder im Dienstleistungssektor arbeiten, die Fähigkeit zu einem angenehmen Smalltalk benötigen. Es ist wichtig zu verstehen, dass es hier nicht um das Verkaufspersonal geht. Das ist nie der Fall.

Alles dreht sich um den Kunden. Ist das überraschend?

Das heißt, wenn wir uns neu positionieren, um die Welt mit den Augen des Kunden zu sehen, haben wir einen bedeutenden Schritt in Richtung dessen getan, worum es bei echtem Kundenservice geht. Beim Kundenservice geht es nie um den Verkäufer, nie um den Verkaufsabschluss und nie um ein höfliches Lächeln.

Es geht darum, dem Kunden das zu geben, was er braucht (auch wenn er nicht weiß, was er will oder braucht). Es geht auch darum, dem Kunden zu zeigen, dass man sich um ihn kümmert, indem man ihm Aufmerksamkeit schenkt.

Der Kundenservice stellt im Grunde eine Verbindung zwischen zwei Personen her, die nur wenige Augenblicke oder, wenn sie zu Stammkunden werden, auch viel länger dauern kann. Es geht darum, ihr Glück zu sichern.

Das ist von einem egoistischen Standpunkt aus nicht möglich. Es wird immer erfolglos sein. Wenn Sie also einen außergewöhnlichen Kundenservice bieten wollen, stellen Sie Ihr Ego in ein Regal im Schrank, wo es nicht gesehen werden kann, und lassen Sie sich so intensiv wie möglich auf Ihre Kunden ein. Machen Sie es persönlicher. Sorgen Sie dafür, dass sich alles um den Kunden dreht, und Sie werden eine deutliche Veränderung feststellen.

Natürlich gibt es Verfahren und Praktiken für einen ausgezeichneten Kundenservice, und sie sind wichtig. Sie müssen jedoch in den Kontext der hier besprochenen Art von Kontakt und Verbindung gestellt werden.

Sie werden in der Lage sein, das, was der Kunde sieht, aus diesem Blickwinkel zu betrachten. Sie werden besser verstehen, wonach sie suchen und wie Sie sie ansprechen können. Ja, Sie werden den

Verkauf abschließen wollen, aber mit auffälligen Verkaufstechniken wird das nicht gelingen.

Heutzutage geht es beim Verkaufen ausschließlich darum, eine persönliche Beziehung aufzubauen. Wenn das alles ist, was sie zu bieten haben, sind wir alle viel zu zynisch, abgestumpft und weltgewandt, um uns von einem aalglatten Verkäufer und seiner Verkaufspräsentation beeindrucken zu lassen.

Denken Sie an die letzte positive Erfahrung, die Sie in einem Einzelhandelsgeschäft gemacht haben.

Erinnern Sie sich daran, was zu Ihrer Überzeugung beigetragen hat, dass es ein positives Erlebnis war?

War es das geschickt vorgetragene Verkaufsgespräch oder war es das echte Interesse, das jemand an Ihnen zeigte, der mit Ihnen interagierte oder Sie sogar in Ruhe ließ, bis sich der ideale Moment bot, den er erkannte, weil er Sie im Auge behielt?

Als Kundenservice-Experte werden Sie, unabhängig von der Branche, in der Sie arbeiten, über die Erwartungen hinausgehen und den Menschen mit Ehrlichkeit, Integrität und Aufrichtigkeit das bieten, wonach sie suchen. Der Kundendienst wird reagieren.

Wenn eine dieser Komponenten fehlt, wird der Kunde im einundzwanzigsten Jahrhundert dies sofort bemerken.

Aus diesem Grund wird der stationäre Einzelhandel das Internet überleben. Viele Menschen sehnen sich nach einer persönlichen Note und einem persönlichen Kontakt. Wenn Sie bei der Transaktion genauso viel von sich selbst einbringen wie bei der Ware oder Dienstleistung, bieten Sie Ihren Kunden ein hervorragendes Erlebnis, und das ist alles, was sie wollen. Es geht nur um Menschen. Sie werden entschädigt.

Mit Branchenkenntnissen, Insider-Geheimnissen und Videos, die Ihnen zeigen, wie Sie loslegen können, steht Ihnen nichts mehr im Wege, Ihr eigener Chef zu werden und sich einen Vorteil zu verschaffen. Es gibt sogar eine Anleitung, wie Sie Ihr Unternehmen verkaufen können, wenn Sie sich zur Ruhe setzen wollen.

KAPITEL 8
KUNDENSERVICE IST VERGLEICHBAR MIT DATING.

Das wichtigste Element Ihrer Erfolgsformel ist der Verbraucher; ohne ihn gäbe es kein Einzelhandelsgeschäft. Die Verbraucher sind schlauer und bewusster als je zuvor. Sie sind anspruchsvoller und haben mehr Möglichkeiten als je zuvor.

Wenn Sie den Einzelhandel von heute mit dem von vor drei Jahren vergleichen würden, hätten Sie es mit einer anderen Branche zu tun. Früher akzeptierten die Kunden einen minderwertigen Kundendienst als Norm. Der Kunde von heute weigert sich, dies zu tolerieren, ist laut und kann andere online und offline beeinflussen!

Es reicht nicht aus, Ihre Kunden zu verstehen; Sie müssen auch ihre Wünsche kennen, wissen, was sie anspricht, wo sie sich befinden und wie Sie sie bedienen können. Außerdem müssen Sie sich darüber im Klaren sein, dass nicht jeder, der Ihr Geschäft betritt, ein Kunde ist und dass Sie nicht alles für jeden sein können. Daher sollten Sie Ihre Kunden sorgfältig auswählen und definieren.

Das ideale Kundenprofil garantiert, dass Sie das richtige Produkt kaufen, die richtigen Mitarbeiter einstellen und effektiv kommunizieren, um die Rentabilität Ihres Unternehmens zu maximieren.

Jedes Geschäft bietet nicht wirklich die Dinge an, die im Regal stehen, sondern es verkauft den Kundenservice, der ein Geschäft von den anderen unterscheidet. Kundenservice wird traditionell als Problemlösung betrachtet; Kunden kommen mit einem Bedürfnis in Ihr Geschäft, dessen sie sich vielleicht nicht bewusst sind. Ihre Aufgabe ist es, das Problem zu lösen oder etwas zu finden, das das Bedürfnis befriedigt.

Nachdem Sie Ihre Kunden und deren Bedürfnisse definiert haben, können Sie eine Beziehung zu ihnen aufbauen. Indem Sie auf ihre Bedürfnisse eingehen, gewinnen Sie ihr Vertrauen und ihre Zufriedenheit; sie werden sich wohl fühlen, wenn sie in Ihrem Geschäft einkaufen, Sie als Autorität anerkennen und darauf vertrauen, dass sie einen guten Wert erhalten, wenn sie dies tun.

Es ist schwieriger zu definieren, was einen ausgezeichneten Kundenservice ausmacht, als es klingt. Es ist nicht so einfach, einfach "bitte" und "danke" zu sagen und den Kunden beim Betreten des Geschäfts anzulächeln (obwohl auch das wichtig ist!).

Beim Kundendienst geht es darum, den Kunden das zu geben, was sie wollen, wenn sie es wollen. Der Kundenservice umfasst alle Elemente und Facetten Ihres Unternehmens, die zum Ausdruck bringen, wie Ihr Geschäft und Ihre Produkte den Bedürfnissen und Wünschen der Kunden entsprechen.

Es ist zwar bewundernswert, Beziehungen aufzubauen, aber Sie müssen auch die Waren haben, um sie zu unterstützen.

Außergewöhnlicher Kundenservice bedeutet, dass Sie über das hinausgehen, was der Kunde erwartet oder was er bei Ihrer Konkurrenz vorfindet. Er muss beständig und zuverlässig sein.

Hervorragender Kundenservice findet vor, während und nach dem Kauf statt.

Im heutigen Einzelhandelsumfeld wird der Wettbewerbsvorteil eines jeden Unternehmens sein Kundenservice sein. Es reicht nicht mehr aus, nur einen angemessenen Kundenservice zu bieten; Sie müssen einen außergewöhnlichen Kundenservice anstreben, um sich von der Konkurrenz abzuheben. Trotz der wichtigen Rolle, die er für den Erfolg eines Unternehmens spielt, machen viele Händler immer noch etwas falsch und haben niedrige Standards.

Betrachten Sie außergewöhnlichen Kundenservice auf die gleiche Weise, wie Sie es bei einem Date tun würden.

Die Anziehungskraft, das gegenseitige Kennenlernen/Vertrauen, die Vertrautheit und der Komfort und schließlich das Bedürfnis, ständig in der Nähe des anderen zu sein!

Begeistern und verlocken Sie Ihre bestehenden, neuen und potenziellen Kunden, um sicherzustellen, dass die Beziehung aufgebaut wird und weiter gedeiht.

In der Vergangenheit suchten die Menschen nach einem Ehepartner, mit dem sie eine Familie gründen konnten, und weder Einzelhändler noch Verbraucher legten großen Wert auf die Kundenbetreuung.

Die Erwartungen haben sich dramatisch verändert: Die Menschen suchen einen Partner, der vielen Ansprüchen gerecht werden kann, und die Kunden wollen einen hervorragenden Kundenservice.

Sowohl Kunden als auch Partner suchen heute nach dem "Komplettpaket".

Betrachten Sie die folgenden wichtigen Komponenten eines hervorragenden Kundendienstes im Vergleich zur Partnersuche:

* Wenn Sie die Aufmerksamkeit eines Kunden sofort auf sich ziehen wollen, müssen Sie in Ihr Aussehen investieren, und zwar nicht nur für das erste Treffen oder die erste Verabredung; Sie müssen immer gut aussehen.

* Sie müssen IMMER wahrheitsgemäß, freundlich und respektvoll sein.

* Vergewissern Sie sich, dass Sie genügend Gemeinsamkeiten haben, sonst werden Ihre Ziele nicht erreicht und Sie verschwenden die Zeit des anderen.

* Vermeiden Sie Versprechungen, die Sie nicht halten können, und halten Sie Ihre Versprechen!

* Seien Sie realistisch; versuchen Sie nicht, Menschen in etwas zu verwandeln, das sie nicht sind.

* Passen Sie Ihren Ansatz und Ihre "Sprache" an das Thema an; Sie müssen anpassungsfähig sein.

* Erkundigen Sie sich und HÖREN Sie sich die Antworten an

* Sammeln Sie so viele Informationen wie möglich über sie und beziehen Sie diese in Ihre Kommunikation ein, um Ihre Interaktion mit ihnen sinnvoll zu gestalten.

* Sobald Sie die aktuellen Anforderungen ermittelt haben, sollten Sie auch die zukünftigen Anforderungen berücksichtigen.

* Humor und Fantasie einsetzen, um eine Beziehung aufzubauen und aufrechtzuerhalten

* Wenn Sie Zeit miteinander verbringen, richten Sie Ihren Blick auf sie und nicht auf das, was sonst noch passiert.

* Ständige Kommunikation und Kontakt zueinander aufrechterhalten; den Kontakt nicht verlieren.

* Erkennen Sie konstruktive Kritik als eine Methode, um die Beziehung zu stärken und möglicherweise einige Ihrer negativen Gewohnheiten zu ändern!

* Drücken Sie Ihre Dankbarkeit aus, wann immer sich die Gelegenheit bietet - zeigen Sie ihnen, wie sehr sie geschätzt werden.

* Erkennen, dass manchmal eine Schlacht verloren werden muss, um den Krieg zu gewinnen.

Es wird Momente geben, in denen Sie sich bei einem geschätzten Kunden entschuldigen müssen, selbst wenn Sie Recht haben, um eine langfristige Beziehung aufrechtzuerhalten.

* Ermutigen Sie sie, ihre Freunde über Sie zu informieren!

* Verblüffe sie mit deiner Rücksichtnahme

* Wie wir alle wissen, wird die Beziehung scheitern, wenn eine dieser Komponenten nicht authentisch ist und aufrechterhalten wird, so dass Sie den Prozess wiederholen müssen, bis Sie es richtig machen!!

Wenn Sie dieses Niveau des außergewöhnlichen Kundendienstes erreichen, werden Ihre Kunden freiwillig einkaufen. Wenn Sie ein zusätzliches Produkt vorschlagen, werden die Kunden dies als hilfreiche Idee ansehen und nicht als aufdringlichen Verkäufer, der ein Geschäft machen will. Das ist die Position, die Sie einnehmen sollten, um lukrative Umsätze zu erzielen.

Ich habe früher in einem Unternehmen als Abteilungsleiter in Manchester gearbeitet. Wir hatten viele Kunden, und meine Mitarbeiter und ich legten Wert darauf, uns zu merken, was sie gekauft hatten oder was ihnen gefiel. Wenn neue Ware eintraf, von der wir dachten, dass sie ihnen gefallen würde, oder wenn ein Muster, das sie gekauft hatten, zum Verkauf angeboten wurde, riefen wir sie an (damals gab es noch keine E-Mails oder SMS!), bevor die Ware in den Laden kam oder der Verkauf begann.

Wir gaben ihnen das Gefühl, etwas Besonderes und Wichtiges zu sein, und boten ihnen einen Mehrwert. Über 50 % dieser Gespräche führten zu einem Verkauf, und über 50 % der Verkäufe führten dazu, dass zusätzliche Produkte gekauft wurden.

Sie möchten, dass Ihre Kunden auf den Geschmack Ihres hervorragenden Kundendienstes kommen und immer wiederkommen. Jedes Mal, wenn Kunden wiederkommen, bestärken sie ihre Entscheidung, Ihr Geschäft zu besuchen, und verlassen es mit einem besseren Gefühl als beim letzten Mal. Diese wiederkehrenden Einnahmen sind profitabler als der erste Verkauf.

Es ist kostspielig, neue Kunden zu gewinnen. Die Kosten für die Gewinnung eines neuen Kunden sind mehr als doppelt so hoch wie die für die Bindung eines bestehenden Kunden. Um ein rentables Geschäft zu gewährleisten, müssen Sie einen hohen Anteil an wiederkehrenden Kunden haben.

Nur 60 % der zufriedenen Kunden kommen wieder, um mit Ihnen Geschäfte zu machen. Daher müssen Sie sich wirklich um 100 Prozent Kundenzufriedenheit bemühen, um ein erfolgreiches, wiederkehrendes Geschäft zu gewährleisten.

Ein außergewöhnlicher Kundenservice ist ein Bereich, der ständig gepflegt und neu erfunden werden muss, damit die Kunden nicht abwandern. Es ist wichtig, diesen Bereich ständig zu pflegen und weiterzuentwickeln, um das Interesse aufrechtzuerhalten. Denken Sie daran, dass es einen schmalen Grat gibt: Vermeiden Sie es, mit Ihren Kunden zu vertraut zu werden.

Entwickeln Sie eine Strategie zur Gewinnung neuer und wiederkehrender Kunden. Sie müssen unterschiedliche Strategien anwenden, um beide Arten von Kunden anzulocken und zu halten. Wenn Ihre Strategie und Ihre Systeme entsprechend konzipiert sind, wird dies auf natürliche Weise und ohne Anstrengung geschehen. Wir arbeiten mit unseren Kunden zusammen, um eine

Geschäftsanalyse durchzuführen und ein System und ein Programm zu entwickeln, mit dem die besten Ergebnisse erzielt werden können.

KAPITEL 9
WARUM IHRE POLITIK KUNDENFREUNDLICH SEIN SOLLTE.

Ein hervorragender Kundenservice ist für den Erfolg eines jeden Kleinunternehmens wichtig. Deshalb frage ich mich oft, warum viele Unternehmen kundenfeindliche Vorschriften erlassen.

Hier ist meine Einschätzung der Situation und was Sie tun können, um Ihr Unternehmen zu schützen.

Erinnern Sie sich an das Glockenkurvensystem aus Ihrer Schulzeit?

Nur ein oder zwei Schüler erhielten die besten Noten, und nur ein oder zwei Schüler erhielten die schlechtesten Noten; der Rest wurde in einer großen Gruppe irgendwo in der breiten Mitte zusammengefasst. Ähnlich verhält es sich mit Ihren

Kunden. Es gibt ein paar problematische Kunden, ein paar außergewöhnliche Kunden und die große Mehrheit der Kunden liegt in der Mitte.

Problematisch wird es, wenn Sie anfangen, Maßnahmen auf der Grundlage des Verhaltens einer Handvoll Ihrer schlechtesten Kunden zu ergreifen, z. B. bei ungedeckten Schecks, bei der Inanspruchnahme von Geschenkgutscheinen in doppelter Höhe, bei dem Versuch, Sie bei einer Rückgabe zu betrügen, oder bei Beschwerden über Ihre Umtauschbedingungen.

Niemand genießt es, ausgenutzt zu werden.

Das rüttelt an den Grundfesten unseres Unternehmergeistes. Wenn einige wenige schlechte Äpfel uns für selbstverständlich halten oder sich über unsere besten Bemühungen beschweren, ist es unsere natürliche Reaktion, Maßnahmen zu ergreifen, um zu verhindern, dass dies in Zukunft jemand tut. Wir geben alles für unsere Unternehmen und Kunden, und wir hoffen, dass unsere Kunden dies bemerken und uns dafür danken.

Wenn Sie hingegen Ihre Geschäftsvorschriften darauf gründen, was die schwierigen 2 % Ihrer Kunden tun könnten, werden Sie mit Sicherheit Maßnahmen ergreifen, die die anderen 98 % Ihrer guten und sehr guten Kunden verärgern und stören. Das ist schlechter Kundenservice und schlechtes Geschäft.

Seien Sie daher vorsichtig.

Denken Sie daran: Lassen Sie nicht zu, dass ein paar Probleme Ihre Politik bestimmen.

Wenn Sie ein paar ungedeckte Schecks erhalten, stellen Sie die Annahme von Schecks vor Ort nicht ein; wenn ein paar Kunden Waren zurückgeben, die sie vor mehr als einem Jahr gekauft haben, führen Sie keine strengen Rückgabebedingungen ein; und wenn jemand mehrere Angebote in Anspruch nimmt, füllen Sie nicht jeden Geschenkgutschein mit Paragraphen des Kleingedruckten.

Akzeptieren Sie diese negativen Begegnungen als Kosten der Geschäftstätigkeit und befolgen Sie die Ratschläge der anderen 98 Prozent Ihrer Kunden - Sie werden auf lange Sicht glücklicher und erfolgreicher sein.

Wir bekommen oft einen minderwertigen Service, dem es an Begeisterung oder dem Wunsch nach einem unvergesslichen Erlebnis mangelt, das uns loyal macht oder uns dazu bringt, wiederzukommen. Warum erkennen manche Unternehmen nicht, dass ein durchschnittlicher Kundenservice nicht mehr ausreicht, und wie können sie die notwendigen Talente für ihre Aufgaben rekrutieren?

Es ist kein Geheimnis, dass es uns in Erinnerung bleibt, wenn wir einen außergewöhnlichen Service erhalten. Ich habe kürzlich einen hervorragenden Kundenservice erlebt! Indem er die Erwartungen weit übertraf und überragende Produkt- und Warenkenntnis, Geduld und den aufrichtigen Wunsch, mir zu helfen, an den Tag legte, fühlte ich mich nicht nur einzigartig, sondern erhielt auch einen Service, der mich wiederkommen ließ.

Meine Erfahrung war nicht so alltäglich, wie sie sein sollte - leider kommen wunderbare Erfahrungen mit dem Kundenservice nur selten vor, während sie jedes Mal, wenn wir ein Geschäft oder einen Betrieb betreten, vorkommen sollten.

In dem sich wandelnden Klima von heute und mit all den Möglichkeiten, die dem Verbraucher zur Verfügung stehen - einschließlich des bequemen Einkaufs im Internet von zu Hause aus - ist es wichtig, hervorragendes Personal zu gewinnen, das das Serviceniveau und die Führungsqualitäten in einem Unternehmen weiter verbessern wird. Sobald Sie Talente angeworben haben, sollten Sie den Schwerpunkt kontinuierlich auf Lernen, Produktwissen und Kundenerfahrung legen und diese fördern.

Einzelhändler haben in der Vergangenheit Schwierigkeiten gehabt, qualifizierte Mitarbeiter für den Außendienst -

Kundenerfahrung/Verkauf/Filialleiter/Betrieb usw. - zu gewinnen und zu halten. - zu finden und zu halten, da die Gehälter in der Branche im Allgemeinen niedrig sind und die eingestellten Talente nicht die nötige Leidenschaft und Hingabe für ihre Aufgaben mitbringen.

Einige vorausschauende Einzelhändler haben erkannt, wie wichtig es ist, ihre Mitarbeiter entsprechend den gewünschten Talenten und dem Markt zu entlohnen, damit sie diese hochkarätigen Kandidaten/Mitarbeiter anziehen können.

Ein Personalberatungsunternehmen zu finden, das mit diesen Einzelhändlern zusammenarbeitet, kann sich schwierig gestalten, da viele zwar behaupten, Einzelhandelsspezialisten zu sein, aber nicht über die erforderlichen tiefgreifenden Kenntnisse der Branche, des Kunden und der "Passung" verfügen.

Der Vorteil einer Partnerschaft mit einem Personalvermittlungsunternehmen, das "es versteht", kann Ihnen helfen, sich bei diesen Einzelhändlern hervorzuheben - durch eine echte Partnerschaft bei der Personalbeschaffung im Einzelhandel, bei der Ihr Personalvermittler und Ihre Agentur die Art der Kunden, die ihr Kunde bedient, und die Kultur und Passung, die für das Unternehmen ihres Kunden wichtig sind, verstehen.

KAPITEL 10 VERBREITETE MYTHEN ÜBER GUTEN UND SCHLECHTEN SCHLECHTEN KUNDENSERVICE.

An einem normalen Tag hat eine durchschnittliche Person zwischen einem und fünf Mal mit einem Kundenbetreuer zu tun. Bestimmte Interaktionen mit dem Kundendienst werden als "ausgezeichnet" bezeichnet, während andere spöttisch als "schlecht" bezeichnet werden. Wenn jemandem ein hervorragender Kundendienst zuteil wird, geht er oft seinem Tag nach, als ob nichts Ungewöhnliches passiert wäre.

Wenn dieselbe Person eine negative Erfahrung mit dem Kundendienst gemacht hat, zögert sie nicht, dies jedem mitzuteilen, der zuhören will. In der Regel ignoriere ich den letzten der beiden Fälle aus einem wichtigen Grund: Versteht irgendjemand wirklich, was effektiven Kundenservice ausmacht?

In meiner mehr als zehnjährigen Erfahrung als Kundenbetreuer und Manager in verschiedenen Unternehmen habe ich viele unzufriedene Kunden kennengelernt. Um ehrlich zu sein, hatten nur sehr wenige von ihnen einen legitimen Grund, verärgert zu sein. Sie riefen mich, bereit zu kämpfen.

Frühere Erfahrungen können die Erwartungen senken.

In anderen Fällen können frühere Erfahrungen mit extrem schlechtem Kundenservice bei einer Person einen negativen Eindruck von Kundendienstmitarbeitern hinterlassen, was sie dazu veranlasst, von der ersten Minute an in die Offensive zu gehen, wenn sie den Hörer abnimmt.

Ich möchte dies an einem Beispiel verdeutlichen: Vor einigen Jahren meldete ich mich in einem Fitnessstudio an und nahm an einem Personal Training teil. Nach einer Weile stellte ich fest, dass die Sitzungen zu teuer waren und ich kaum Zeit hatte, sie zu besuchen, also brach ich das Programm ab.

Es dauerte mindestens eine Stunde, um mit dem ursprünglichen Verkäufer, seinem Manager und dem Geschäftsführer eine Lösung zu finden. Selbst dann musste ich noch eine Stornogebühr zahlen. Sie versuchten, mich dazu zu bringen, einen billigeren Tarif abzuschließen, meine Termine zu verschieben, anstatt sie zu stornieren, und mir sogar Urlaub zu nehmen, um die Sitzungen wahrnehmen zu können. Absurd!

Vor einigen Monaten befand ich mich in einem anderen Fitnessstudio in einer ähnlichen Situation. Die Trainersitzungen waren das Geld nicht wert und würden schließlich mit anderen Verpflichtungen kollidieren. Ich rief im Fitnessstudio an, schon in Erwartung einer Schlägerei mit jedem, mit dem ich sprechen wollte.

Zu meinem Erstaunen sagte die erste Person, mit der ich sprach, die Trainingseinheiten einfach ab, ohne irgendwelche Fragen zu stellen. Ich hatte mich vorbereitet und war bereit, die erste Person, die mir wegen meiner Absage das Leben schwer machte, zu verfolgen, und es stellte sich heraus, dass dies eine der angenehmsten Erfahrungen mit dem Kundendienst war, die ich je gemacht habe.

Die Wahrnehmung ist wichtig, wenn es um den Kundenservice geht.

Oftmals ist das, was ein Kunde als "schlechten Kundendienst" empfindet, jedoch ganz gut; es ist nur seine Interpretation der Umstände. Die Möbelbranche ist ein klassisches Beispiel dafür, wie das Missverständnis eines Kunden über den Kundenservice dazu führen kann, dass er glaubt, er habe "schlechten Kundenservice" erhalten.

Als ich in der Möbelbranche arbeitete, traf ich oft auf Menschen, die mich als Reaktion auf eine schriftliche Richtlinie anschrieen, anbrüllten und sogar beleidigten. Zum Beispiel sind

Möbellieferungen oft mit einem vierstündigen Zeitfenster für die Ankunft geplant.

Dies ist ein Industriestandard, weil jedes Haus einzigartig ist und es keine Möglichkeit gibt, vorherzusagen, wie lange jede Lieferung dauern wird, bis die Fahrer eintreffen. Die Lieferungen werden geografisch verteilt, damit die Fahrzeuge so viele Stopps wie möglich einlegen können; eine genaue Tageszeit kann daher nicht garantiert werden.

Jeder Kunde wurde beim Kauf seiner Möbel über die Lieferfristen und die Art und Weise, wie sie geplant waren, informiert und auch beim Liefertermin. Für einige Kunden war dies natürlich nicht ausreichend.

Obwohl sie zuvor zweimal informiert worden waren und die schriftlichen Lieferbedingungen auf ihrem Kaufbeleg lagen, waren sie der Meinung, dass sie einzigartig seien und ihren Liefertermin selbst bestimmen könnten. Wir waren zwar bereit, ihnen entgegenzukommen, aber das war oft unmöglich, wenn die Lastwagen bereits beladen waren.

Diese Anrufe endeten oft mit Aussagen wie "Das ist schlechter Kundenservice", "Ich werde nie wieder bei Ihnen einkaufen", "So führt man kein Geschäft" oder, mein persönlicher Favorit, "Ich werde all meinen Freunden sagen, dass sie hier nicht einkaufen sollen."

Häufige Fehler.

Es gibt zwei weit verbreitete Mythen darüber, was Kundenservice wirklich ist. Der erste besagt, dass die Aufgabe eines Kundenbetreuers darin besteht, die Anweisungen des Kunden ohne Fragen auszuführen. Das ist kategorisch falsch.

Die Aufgabe eines Kundenbetreuers ist es, den Kunden zu betreuen und ihnen zu helfen. Doch wie jede andere Organisation haben auch Unternehmen Richtlinien, an die sich ihre Mitarbeiter halten müssen, und spezifische Regeln, die für Verbraucher gelten.

Die Unfähigkeit oder Weigerung eines Mitarbeiters, diese Richtlinien zu missachten, sollte niemals als schlechter Kundenservice gewertet werden. In vielen Fällen werden Beschränkungen zum Schutz des Kunden eingeführt. Im Falle eines Einzelhändlers für medizinische Produkte ist ein erheblicher Teil des Warenbestands aus Gründen der Sauberkeit in der Regel nicht rückgabefähig.

Diese Vorgehensweise ist bei Toilettensitzen, Duschstühlen und Badehilfen durchaus sinnvoll. Obwohl diese Richtlinie vor dem Kauf deutlich sichtbar angezeigt wird, versuchen viele Kunden, die Artikel zurückzusenden.

Obwohl sie wissen, dass das Produkt nicht zurückgenommen werden kann und sie niemals einen gebrauchten Artikel dieser Art kaufen würden, sind sie der Meinung, dass der Händler den Artikel zurücknehmen sollte, wenn sie ihn nicht mehr haben wollen, und wenn der Händler dies ablehnt, betrachten die Käufer die Situation als "schlechten Kundenservice".

Ein weiteres häufiges Missverständnis ist, dass die Rolle eines Kundenbetreuers darin besteht, Beschimpfungen eines Kunden hinzunehmen. Dieses Verhalten ist völlig unangemessen und unreif. Sie werden niemals ein Problem lösen, wenn Sie die Person am anderen Ende des Telefons anschreien, anbrüllen oder beschimpfen. In 99 % der Fälle ist die Person, die mit dem Kunden spricht, nicht schuld an dem Grund, warum er anruft.

Egal, ob ein Verbraucher einen schlechten Tag hat oder in der Vergangenheit negative Erfahrungen mit einem Unternehmen gemacht hat, das entschuldigt ihn nicht, seinen Ärger an der ersten Person auszulassen, die ans Telefon geht. Unzählige Male musste ich auflegen, weil jemand die Grenze überschritten und mich persönlich kritisiert hat, weil er mit dem Unternehmen unzufrieden war.

Vorschläge für den Kundenservice.

Was macht also einen ausgezeichneten Kundenservice aus? Kundenservice ist eine

Ansammlung von Faktoren, die ein perfektes Kundenerlebnis ermöglichen.

1. Kurze, präzise Erklärungen: Ein verärgerter Kunde ist in der Regel uninformiert. Im Falle des Möbelhändlers sollte der Verbraucher eine ausführliche Beschreibung des Lieferprozesses erhalten. Gehen Sie nie davon aus, dass der Käufer bereits Bescheid weiß.

Wenn Sie einem Kunden eine Dienstleistung aufgrund einer Vorschrift nicht erbringen können, erklären Sie, warum. Im Falle des Kreditkartenunternehmens sollte der Vertreter dem Verbraucher erklären, dass es Vorschriften für Kontowechsel gibt, um sowohl den Karteninhaber als auch das Kreditkartenunternehmen vor Betrug zu schützen.

2. Ein ruhiges, höfliches Auftreten: Wenn ein Kundenbetreuer am Telefon nicht freundlich klingt oder schlichtweg unfreundlich ist, sollte er sich einen anderen Arbeitsplatz suchen.

Wie ein Vertreter mit einem Kunden umgeht, hat direkten Einfluss darauf, wie der Kunde reagiert. Ein guter Kundenbetreuer wird den Kunden respektvoll ansprechen, seinen Vornamen nur dann verwenden, wenn er die Erlaubnis dazu hat, und NIEMALS die Stimme erheben.

Ein Kundenbetreuer sollte niemals versuchen, einen Kunden zu überstimmen, noch sollte er seine Lautstärke erhöhen, wenn der Kunde immer lauter wird. Welche Partei auch immer bei einem Streit zwischen einem Verbraucher und einem Kundenbetreuer zu gewinnen scheint, der Kundenbetreuer hat verloren, wenn er sich einmischt.

3. Hören Sie gut zu (und notieren Sie sich das, wenn nötig!): Das Schlimmste, was ein Kundenbetreuer tun kann, ist, den Kunden am Telefon zu ignorieren. Er muss alle Ablenkungen beseitigen und dem Kunden genau zuhören und sich bei Bedarf Notizen machen. Ein kluger Kundendienstmitarbeiter wird es vermeiden, dieselbe Frage zu wiederholen.

4. Zu wenig versprechen und zu viel halten: Dies ist ein uraltes Sprichwort im Kundenservice. Ein wesentlicher Teil der Wahrnehmung des Kunden wird durch die Erwartungen bestimmt, die an ihn gestellt werden. Wenn der Kundenbetreuer den Kunden zurückrufen muss, ist es wichtig, ausreichend Zeit für den Rückruf einzuplanen.

Ein professioneller Kundenbetreuer wird die für die Kontaktaufnahme mit dem Kunden vorgesehene Zeit nie überschreiten und immer mehr als genug Zeit einplanen. Das Gleiche gilt für den Versand an den Kunden: Wenn die Lieferzeit in der Regel 3-4 Tage beträgt, sollten Sie dem Verbraucher 4-6 Tage angeben. Wenn die Verbraucher das Produkt früher erhalten, werden sie besonders erfreut sein und ihre Erfahrung als "ausgezeichneten Kundenservice" empfinden.

5. Deutlich sichtbare Richtlinien: Dies ist besonders für Online-Händler wichtig. Wenn ein Produkt nicht zurückgegeben werden kann, ist der Händler dafür verantwortlich, diese Information an

einer gut sichtbaren Stelle anzubringen, wo der Kunde sie vor dem Kauf des Artikels sehen kann und wird.

Die Beziehung zwischen Kunde und Kunde ist verwirrend, insbesondere wenn es darum geht, zu definieren, was guten und schlechten Kundenservice ausmacht. Entscheidend ist, dass beide Parteien Geduld bewahren und sich daran erinnern, dass sie sich gleichermaßen aufeinander verlassen, um ihr Endziel zu erreichen: eine positive Erfahrung im Kundenservice.

KAPITEL 11
WIE MAN IM EINZELHANDEL EINEN HERVORRAGENDEN KUNDENSERVICE BIETET.

Ein effektiver und zeitnaher Kundenservice ist in jedem Sektor von entscheidender Bedeutung. Dies gilt insbesondere für den Einzelhandel, denn ein Unternehmen, das keinen ausgezeichneten und zeitnahen Kundenservice bietet, wird viele Kunden verlieren.

Warum brauchen Sie also einen effizienten Kundendienst?

Nehmen wir einmal an, Sie haben vor kurzem ein Produkt in einem der großen

Einzelhandelsgeschäfte gekauft und hatten später ein Problem mit der Ware, so dass Sie sich an das Geschäft gewandt haben, um Ersatz zu erhalten. Das Geschäft bietet nun zwei Möglichkeiten an:

- Sie nehmen sich Zeit, um sich Ihr individuelles Problem wirklich anzuhören und eine Lösung zu finden.

- Sie erfinden Begründungen für die Weigerung, Ihre Waren zu ersetzen.

Wie Sie sehen können, ist die erste Option recht gut geeignet, um Kunden zu binden; bei der zweiten Option werden Sie jedoch unzufrieden sein und dieses Geschäft wahrscheinlich nicht wieder besuchen. Der Einzelhandel braucht einen hervorragenden Kundenservice, um seine Marktposition und seinen Ruf zu erhalten.

Um nun auf die ursprüngliche Frage zurückzukommen: "Wie kann der Einzelhandel einen außergewöhnlichen Kundenservice bieten?"

In diesem Fall gibt es einige wichtige Elemente zu beachten. Betrachten wir einige der wichtigsten davon.

a. Schulung von Vorführern oder Kundendienstmitarbeitern in Geschäften.

Dies ist ein wichtiger Punkt, denn sie sind diejenigen, die in erster Linie mit den Kunden zu tun haben werden. Daher ist es wichtig, dass sie auf alle Anfragen der Kunden reagieren und eine Antwort geben können.

Außerdem ist nicht jeder Verbraucher erfahren genug und verlässt sich oft auf diese Kundenbetreuer, um ihnen bei der Auswahl eines Produkts und der endgültigen Kaufentscheidung zu helfen.

b. Reklamationsabteilung.

Es kann vorkommen, dass Kunden vom Ladenpersonal irregeführt oder schlecht behandelt werden. Es sollte immer eine Beschwerdestelle vorhanden sein, an die sich Kunden mit ihren

Anliegen wenden können. Dies zeigt, dass sich das Geschäft wirklich um seine Kunden kümmert und mehr als bereit ist, ihnen zu helfen, wenn ein Problem auftritt.

c. Einschließlich Telefonnummern und anderer Kontaktinformationen für Vorgesetzte.

Die Angabe von Telefonnummern und anderen Kontaktinformationen für die Verantwortlichen des Geschäfts, wie z. B. offizielle E-Mail-Adressen, kann ein nützlicher Schritt auf dem Weg zu einer erfolgreichen Kundenbetreuung im Einzelhandel sein.

Dies ist wichtig, denn der Kunde muss wissen, an wen er sich wenden kann, wenn seine Anliegen unbeantwortet bleiben oder wenn er Anregungen oder Beschwerden über die Produkte oder die Mitarbeiter hat.

Die Einzelhandelsbranche ist äußerst wettbewerbsintensiv. Im Laufe der Zeit hat sich gezeigt, dass die Einrichtungen, die den größten

Umsatz erzielen, den Kunden auch ein gutes Gesamterlebnis bieten können.

Die neuesten Produkte oder Artikel mit Stil zu haben, wird zweifellos dazu beitragen, den Umsatz zu steigern. Letzten Endes ist es jedoch das Niveau der Kundenbetreuung in einem Geschäft, das darüber entscheidet, ob der Kunde in Zukunft wiederkommt.

KAPITEL 12
EINE KUNDENDIENSTSTRATEGIE ZU FORMULIEREN.

Es macht wenig Unterschied, ob ein Geschäft die "tollsten Produkte" im Einzelhandel anbietet, wenn ein unzufriedener Kunde vorherrscht oder keine Kunden da sind, um sie zu kaufen. Die Kunden sind das wertvollste Gut eines Einzelhändlers, ohne das er untergehen würde. CSRs werden als primäre Technik zur Erreichung eines geschätzten und florierenden Unternehmens dringend empfohlen.

Sobald ein Verbraucher ein Einzelhandelsgeschäft betritt, sind das Aussehen und die Atmosphäre sofort erkennbar. Die helle Beleuchtung und die warmen Farben wirken sich sofort auf die Wahrnehmung des Kunden aus und stellen eine emotionale Verbindung zwischen ihm und dem Geschäft her.

Ein ansprechendes Ladendesign, das das Auffinden von Artikeln erleichtert, und hilfsbereite Mitarbeiter, die sich schnell auf die Wünsche der Kunden einstellen, tragen zur Verbesserung des Einkaufserlebnisses bei. Indem sie den ästhetischen Merkmalen große Aufmerksamkeit schenken, können Händler den wahrgenommenen Wert ihrer Produkte und Dienstleistungen steigern.

Die Beachtung ästhetischer Faktoren ist ein wichtiger Bestandteil des Umgangs des Einzelhandelspersonals mit den Kunden. Das Personal im Einzelhandel ist das Gesicht des Unternehmens. Als erste Anlaufstelle bestimmen ihr Auftreten, ihr Verhalten und ihre Fähigkeit, eine Beziehung aufzubauen, das Image der Marke.

Durch Verbraucherbeschwerden können Einzelhändler mit ihren Kunden kommunizieren und spezifische Informationen über ihre Dienstleistungen und Produkte sammeln. Zu den häufigsten Kundenbeschwerden gehören die folgenden:

1. Falsche Produktdarstellung und Unehrlichkeit: Die Kunden erwarten, dass sie fair behandelt werden.

2. Unhöflicher, unfreundlicher und respektloser Umgang der Mitarbeiter: Die Mitarbeiter müssen die Kunden mit Würde und Respekt behandeln.

3. Lange Warteschlangen an der Kasse: Die Kunden wollen nur kurz warten, nicht stundenlang.

4. Ignorantes Personal: Kunden sind verärgert über Mitarbeiter, die nicht antworten, bei Anfragen verärgert wirken oder sich nicht richtig mit den Produkten auskennen.

5. Mitarbeiter mit falschen Prioritäten: Mitarbeiter, die ihre eigenen Interessen über die Bedürfnisse des Unternehmens stellen, verärgern die Kunden.

Kunden reagieren oft emotional auf Serviceprobleme. Einzelhändler müssen ihnen die Möglichkeit geben, ihren Frustrationen ohne Unterbrechung Luft zu machen. Sie müssen geduldig und einfühlsam sein. Der Umgang mit Verbraucherbeschwerden bietet Händlern die Möglichkeit, servicebezogene Probleme anzusprechen.

Die Kunden bewerten ihre Erwartungen an die Dienstleistungen, die sie erhalten. Die Erwartungen unterscheiden sich je nach Art des besuchten Geschäfts. Ein Kunde, der ein Elektronikfachgeschäft besucht, erwartet sachkundige Verkäuferinnen und Verkäufer.

In diesem Fall muss das Verkaufspersonal über die angebotenen Dinge genau Bescheid wissen und die Produkte vorführen können. Wenn die Verbraucher bei Bedarf keinen Verkäufer finden, werden sie schnell unzufrieden.

Der Schlüssel zur Entwicklung einer wirksamen CSR-Strategie liegt darin, sich kreativ mit den Erwartungen der Verbraucher auseinanderzusetzen und sich durch wichtige Dienstleistungsmerkmale von der Konkurrenz abzuheben. Einzelhändler können ein ansprechendes Ladendesign und eine ansprechende Atmosphäre schaffen, indem sie ihren Kundenstamm segmentieren.

Einzelhandelsfachleute müssen über hervorragende Zuhörfähigkeiten, Soft Skills, Telefonfähigkeiten, Schreibfähigkeiten und die Fähigkeit, mit schwierigen Kunden umzugehen, verfügen. Ein innovativer und kreativer Umgang mit den Erwartungen der Verbraucher kann die Kunden ermutigen, zu den Händlern zurückzukehren, und dazu beitragen, positive Mundpropaganda zu verbreiten, was wiederum neue Kunden anlockt.

KAPITEL 13
MEHR KUNDENSERVICE UND MEHR UMSATZ MIT EINZELHANDELS-PAGERN.

In der heutigen High-Tech-Umgebung ist interaktives Marketing wichtig, um einen hervorragenden Kundenservice zu bieten und die Rentabilität Ihres Unternehmens zu steigern. Mit Video ist diese neue Methode des Marketings nun allgegenwärtig.

Kunden recherchieren oft online, vergleichen Preise und besuchen Einzelhandelsgeschäfte, um ihre gewünschten Artikel zu kaufen. Die meisten Menschen kaufen gerne persönlich ein, was besonders wichtig ist, wenn man sich vor dem Kauf von der Qualität oder der Passform des Produkts überzeugen möchte.

Laut Credit Suisse recherchieren 87 Prozent der Menschen im Internet, bevor sie ein stationäres Geschäft besuchen. Im nächsten Jahr könnte der Einzelhandelsumsatz, der durch diese Art des Einkaufens generiert wird, 1,1 Billionen Dollar übersteigen. Dies wird schätzungsweise die Hälfte des gesamten Einzelhandelsumsatzes ausmachen.

Den Kunden zu beeindrucken und einen außergewöhnlichen Kundenservice zu bieten, ist ein wichtiger Bestandteil jeder Einzelhandelsstrategie. Die Integration eines hochwertigen Pagingsystems und eines Zwei-Wege-Funksystems verschafft Ihnen einen erheblichen Vorteil.

Alphanumerische Pager sind für das gesamte Einzelhandelspersonal von Vorteil. Sie sind kostengünstig und einfach zu bedienen, was sie zu einer hervorragenden Alternative für Ladenbesitzer und Manager macht.

Die Mitarbeiter können über ein Sofortbenachrichtigungsgerät oder eine

Computeranwendung, auf der das Programm installiert ist, Sofortbenachrichtigungen erhalten. Dies verschafft Ihrem Geschäft einen Vorteil gegenüber Konkurrenten, die nicht über dieses System verfügen. Es gibt auch numerische Pager, die bei Bedarf mit kodierten Nachrichten verwendet werden können.

Die Kunden können von einem anderen Pager-Typ profitieren, der es ihnen ermöglicht, andere Aktivitäten durchzuführen, während sie auf die Hilfe des Einzelhandelsunternehmens warten. Die Kunden können sich vor Ort weitere Waren ansehen und so ihre begrenzte Zeit optimal nutzen.

Einzelhandelsgeschäfte sind chaotisch, da viele Aktivitäten vor und hinter den Kulissen stattfinden. Das Personal muss überprüft werden, die Bestände müssen kontrolliert werden und die Finanzen müssen überwacht werden. Die Kunden dürfen von einigen dieser Vorgänge, die direkt vor ihnen stattfinden, nichts mitbekommen, da sie sich auf ihren Einkauf konzentrieren wollen und müssen.

Zwei-Wege-Funkgeräte sind in einem Einzelhandelsgeschäft ebenfalls von Vorteil. Sie sind ein hervorragendes Hilfsmittel für Mitarbeiter, die auf einen Kunden warten oder in einem Hinterzimmer den Bestand überprüfen müssen. Sie müssen nicht durch einen Lautsprecher abgelenkt oder belästigt werden, der Anweisungen an einen Angestellten im Laden gibt.

Dies ist eher eine Atmosphäre für ein Sportstadion als für ein schönes Einzelhandelsgeschäft. Wenn ein Kunde Fragen hat oder einen Service benötigt, der ruhig und respektvoll gehandhabt wird, wird er immer wieder in das Geschäft zurückkehren.

KAPITEL 14
KUNDENSERVICE-CHAT IST WICHTIG FÜR ONLINE-HÄNDLER.

Der Live-Chat ist ein wesentliches Merkmal für Internet-Händler. Online-Shops, die eine Online-Präsenz aufrechterhalten wollen, müssen über ein robustes System verfügen, um ihren Kunden Unterstützung zu bieten.

Der Live-Chat auf der Website ist ein Beispiel für eine dynamische Kundensupportlösung, die sich hervorragend für die Kundenbetreuung, die Unterstützung vor und nach dem Verkauf und die Senkung der Betriebskosten für Callcenter eignet.

Ein großer Teil der Online-Händler schätzt den Kundenservice-Chat, da er es den Unternehmen ermöglicht, online die gleiche Qualität des Kundensupports zu bieten wie im Geschäft. Er ermöglicht ein hervorragendes Kundenerlebnis bei gleichzeitiger Wahrung des Rufs der Marke.

Laut dem Live Chat Effectiveness Research Report 2010 von Bold Software gaben 77 % der Kunden an, dass ihr Live-Chat-Erlebnis einen positiven Einfluss auf ihre Meinung über den Online-Shop hatte.

Präferenz Medium.

Der Live-Chat-Kundenservice ist die bevorzugte Art der Kommunikation. Laut dem 2011 Live Chat Effectiveness Research Report von Bold Software bevorzugen 77 Prozent der Online-Käufer den Kundenservice-Chat, da er ihnen eine sofortige Antwort auf ihre Probleme bietet.

Weitere Faktoren, die dazu beitragen, dass der Live-Chat so beliebt ist, sind seine Effizienz als Kommunikationsmittel, die Möglichkeit, während des Chats Multitasking zu betreiben, die ordnungsgemäße Funktionsweise des Live-Chats und die Möglichkeit, mehr Informationen zu erhalten als bei Gesprächen per E-Mail oder Telefon.

Gesteigerter Umsatz.

Der Kundensupport-Chat ist ein unglaublich effektives Instrument, um sowohl neue als auch bestehende Kunden zu bedienen, die Online-Konversionsrate zu erhöhen und Verkäufe zu generieren. Studien haben außerdem ergeben, dass der Live-Chat auf der Website die Online-Konversionsraten verbessert und gleichzeitig den eingehenden Anrufverkehr um 20 % reduziert.

Der Kundensupport-Chat trägt zur Umsatzsteigerung bei, indem er das Kundenerlebnis verbessert, da die Agenten Probleme schnell lösen, technische Unterstützung leisten und vieles mehr. Dies verbessert den Ruf des Einzelhändlers in den Augen seiner Kunden.

Geringere Abbruchraten von Einkaufswagen.

Jeder Online-Händler ist besorgt über den Abbruch von Einkaufswagen. Es gibt viele Gründe, warum Kunden ihren Einkaufswagen stehen lassen. Komplizierte Verfahren, unzureichende Informationen über das Produkt oder die Versand- und Umtauschrichtlinien, ein unzureichender Kundendienst sowie eine Vielzahl anderer Faktoren können zu einer erhöhten Abbruchquote bei den Einkaufswagen führen

Laut Forrester Research brechen 88 Prozent der Internetbesucher ihren Einkaufswagen in der Zahlungsphase ab. Online-Unternehmen können ihre Kunden besser ansprechen und ihre ausstehenden Online-Bestellungen durch einen Kundenbetreuungs-Chat abschließen.

Der Kundenbetreuungs-Chat ermöglicht es Online-Händlern, einen erstklassigen Kundenservice zu bieten, was zu einer Steigerung der Online-Konversionen führt. Online-Händler können durch den Kundenbetreuungs-Chat wichtige Informationen über das Kundenverhalten und Trends gewinnen.

Viele Live-Chat-Systeme bieten umfangreiche Funktionen, die wertvolle Marktstatistiken und Informationen liefern, die zur Verbesserung der Kundenbetreuungs-Chat-Strategie genutzt werden können.

KAPITEL 15
STEIGERUNG DER RENTABILITÄT IHRES UNTERNEHMENS DURCH HERVORRAGENDEN KUNDENSERVICE.

So abgedroschen es auch klingen mag, der Kunde ist in der Tat ein König. Ohne einen Kunden gibt es kein Geschäft. Kundenservice und Kundenzufriedenheit beginnen, wenn Sie den Grundstein für Ihr Unternehmen legen, und setzen sich fort, bis Sie den brennenden Wunsch haben, es flott und erfolgreich zu halten. Ein zufriedener Kunde führt zu mehr Geschäft und durch das Gesetz der Vernetzung zu einem größeren Kundenstamm.

Was können Sie also persönlich tun, um sicherzustellen, dass Sie über ein gut funktionierendes System verfügen, das dafür sorgt, dass kein Kunde einen Grund zur Beschwerde hat und dass Ihr Unternehmen stets einen sachdienlichen, hochwertigen und schnellen Kundendienst bietet?

Erkennen Sie die Wünsche des Kunden.

Neue Unternehmer sind oft eher durch Begeisterung als durch Logik motiviert und neigen dazu, über das Ziel hinauszuschießen. Die Sichtbarkeit eines Unternehmens ist wichtig. Wenn Sie jedoch den Mond vermarkten, werden die Kunden mit Sicherheit kommen und danach suchen.

Setzen Sie sich nur für das ein, was Sie auch liefern können. Sie sollten sich darüber im Klaren sein, dass der Kunde mit einem Bedürfnis an Sie herantritt und möchte, dass es sofort und in der gewünschten und erwarteten Qualität erfüllt wird, ohne dass er an der Nase herumgeführt wird.

Die Kunden erwarten keinen Schnickschnack, wenn sie zu Ihnen kommen. Wenn Sie jedoch etwas liefern müssen, stellen Sie sicher, dass dies nicht geschieht, um einen Fehler zu vertuschen oder um ein minderwertiges Produkt zu verkaufen. Wenn Sie ein Versprechen nicht einhalten können, sollten Sie es nicht geben. Auf der anderen Seite, wenn Sie nicht nur Ihr Produkt verkaufen, sondern dem Kunden etwas Unerwartetes bieten, werden Sie sich zweifellos seine Treue verdienen.

Kommunikation ist wichtig.

Sie können das beste Kundendienstteam und die besten Verkäufer der Welt haben, aber sie wären für Sie oder den Verbraucher nutzlos, wenn sie nicht richtig kommunizieren können. Wenn Sie das Glück hatten, einen treuen Kundenstamm aufzubauen, sollten Sie geeignete Maßnahmen ergreifen, um ihn zu halten.

Denken Sie an das Glück des Kunden. Es gibt viele Softwarelösungen, die den Geschäften bei der

Erfassung von Kundendaten helfen, die bei Bedarf abgerufen werden können.

Mund-zu-Mund-Propaganda kann Wunder für Ihr Geschäft bewirken. Informieren Sie Ihre Kunden rechtzeitig über Werbeaktionen, Festtagsangebote, Ausverkäufe zum Saisonende und ähnliche Ereignisse. Sie können sicher sein, dass alle Ihre Freunde und Verwandten bis zum Ende des Tages davon gehört haben werden.

Wenn man dem Verbraucher das Gefühl gibt, dass er erwünscht und etwas Besonderes ist, kann das den Wert der Verbindung erheblich steigern. Mailings und Telefonanrufe im Vorfeld der Veranstaltung sorgen dafür, dass die Teilnehmerzahl am ersten Tag deutlich höher ist als erwartet. Es ist bekannt, dass Einzelhändler einen Tag nur für Mitglieder abhalten, bevor der Verkauf für die Allgemeinheit beginnt.

Reklamationen, Anfragen und Feedback.

Rückmeldungen sind ein unglaubliches Instrument, da sie aufzeigen können, wo Sie etwas falsch machen und was Sie tun können, um es zu korrigieren. Wenn Sie jedoch Feedback einholen und nichts daraus machen, werden Ihre Kunden letztendlich lernen, dass Sie nicht die Absicht haben, Maßnahmen zu ergreifen, und dass es reine Zeitverschwendung ist, wenn sie sich äußern.

Führen Sie eine solide Feedback-Methode ein, bestätigen Sie den Erhalt der Rückmeldungen und bedanken Sie sich bei den Kunden. Informieren Sie den Verbraucher darüber, dass Sie auf seine Kommentare reagieren werden, und wenn die notwendigen Verbesserungen vorgenommen wurden, sollten Sie ihn ermutigen, vorbeizukommen und den Unterschied mit eigenen Augen zu sehen.

Einzelhändler müssen bei Preisgestaltung, Umtauschverfahren und Sonderangeboten Vorsicht walten lassen. Wenn Sie Richtlinien haben, die den Kunden bekannt sein sollten, stellen Sie sicher, dass diese öffentlich angezeigt oder wirksam vermittelt werden. Akzeptieren Sie eventuelle Fehler bei der Preisauszeichnung und geben Sie dem Verbraucher einen Vertrauensvorschuss. Es ist nie angenehm, wenn ein Kunde an Ihrer Kasse überhöhte Preise beanstandet.

Gehen Sie mit Takt und Diplomatie mit schwierigen Kunden um. Reagieren Sie schnell auf Kundenprobleme, ignorieren Sie niemals einen Kunden und verschieben Sie nichts. Wenn Sie sich verspäten und die Erwartungen des Kunden nicht erfüllen können, informieren Sie den Kunden.

Versetzen Sie sich in die Lage des Kunden.

Oft versäumen es Unternehmensleiter, die Dinge mit den Augen ihrer Kunden zu sehen. Sie betreiben vielleicht ein Einzelhandelsgeschäft, und wenn Sie in einem Spitzenrestaurant speisen, erwarten Sie ein bestimmtes Serviceniveau. Sehen Sie sich selbst als Ihren Kunden, betrachten Sie Situationen mit den Augen eines Kunden und planen Sie, die Art von Service zu bieten, die Sie erwarten würden.

Es kann nie schaden, durch den Wettbewerb Erkenntnisse zu gewinnen. Es mag zwar entmutigend sein, festzustellen, dass es Ihnen an Kreativität mangelt und dass Ihre Konkurrenz in Sachen Kundenzufriedenheit überragend ist, aber ihre Ideen sind es wert, nachgeahmt zu werden, wenn Ihr Kunde zufrieden ist.

Es lohnt sich, auf Ihre Mitarbeiter an der Front zu hören. Schließlich haben sie täglich mit den Verbrauchern zu tun und erfahren so, was der Kunde in Bezug auf den Service wünscht und was ihn an Ihrem derzeitigen System stört.

Ein konsistenter, effizienter und zeitnaher Kundendienst, der von qualifizierten, sachkundigen Mitarbeitern mit kundenorientierten, gut eingeübten Prozessen durchgeführt wird, ist die Grundlage für Kundenzufriedenheit, Kundenbindung und Kundentreue. Es kann Tage, Monate oder sogar Jahre dauern, ein Markenimage aufzubauen, einen Kunden für sich zu gewinnen und eine Beziehung zu ihm aufzubauen, doch Sie können es in Sekundenschnelle durch eine einzige schlampige oder dumme Handlung zerstören.

Am besten wäre es, ein Team zusammenzustellen, das sich der Aufgabe widmet, den bestmöglichen Service zu bieten und ein Umfeld zu schaffen, das die Kunden dazu ermutigt, immer wieder zu kommen. Nur dann können Sie von sich behaupten, dass Sie in der Lage sind, einen hervorragenden Kundenservice zu bieten.

KAPITEL 16
ANRUFBEANTWORTER FÜR DEN KUNDENSERVICE IM STATIONÄREN EINZELHANDEL.

Unabhängig von der Art Ihres Einzelhandelsgeschäfts oder Ihrer Einzelhandelsgeschäfte, ob online über einen Webshop oder in einem Ladengeschäft, ist ein exzellenter Kundenservice heute wie früher eine Voraussetzung. Vielleicht sind Sie ein kleines Einzelhandelsunternehmen mit nur einer oder zwei Websites und haben keine eigenen Mitarbeiter oder Abteilungen für den Kundendienst.

Das ist akzeptabel, wenn Sie eine Partnerschaft mit einem Anrufbeantworter für den Kundendienst eingehen können. Das ist billiger, als Sie denken, und äußerst effektiv, denn die lebendigen und wortgewandten Mitarbeiter beantworten die Anfragen Ihrer Anrufer, nehmen Bestellungen entgegen und stellen Produktinformationen zur Verfügung, was Ihnen beim Verkauf und der Werbung für Ihr Online-Angebot hilft.

E-Mails sind zwar praktisch, aber nicht jeder ist geduldig, und die Person, die sich für Ihre Produkte interessiert und eine Frage hat, erhält vielleicht täglich Hunderte von E-Mails. Die Prozedur kann sie ausbrennen lassen und dazu führen, dass sie nicht mehr bereit sind, eine weitere E-Mail zu senden.

Sie möchten lieber sofort mit jemandem sprechen, da sie an Ihrem Produkt oder Ihrer Dienstleistung interessiert sind. Erfüllen und übertreffen Sie ihre unmittelbaren Anforderungen, indem Sie einen Kundendienst in Anspruch nehmen, der bereit ist, sofort zu bedienen und zu verkaufen!

Sie wissen, wie es ist, wenn Sie in einem Einzelhandelsgeschäft anrufen und nicht durchkommen; wenn Sie dieses oder jenes drücken, ist in der Regel niemand in der Leitung, und Sie legen schließlich auf und tätigen Ihre Geschäfte woanders.

Das soll Ihrem Webshop oder Ihrem kleinen Ladengeschäft nicht passieren. Erlauben Sie einem geschäftserfahrenen Anrufbeantworter, Ihnen sofortige Hilfe und hervorragenden Service zu bieten; das ist es, was Ihr Geschäft wachsen lassen kann und wird.

Eine gut gestaltete Website kann Besucher anlocken und sie zum Besuch Ihres Online-Shops animieren. Wenn sie jedoch eine Frage haben oder sofort zusätzliche Informationen benötigen, ist es ein großartiges Verkaufsargument, wenn ihnen ein Anrufbeantworter zur Seite steht.

Durch den Einsatz eines Live-Anrufbeantworters können Sie Vertrauen schaffen und sowohl bestehenden als auch neuen Kunden prompte und höfliche Hilfe bieten.

Käufer brauchen oft sofortige Antworten auf ihre Fragen und wollen sie nicht immer per E-Mail stellen. Ist es nicht besser, mit einer beruhigenden, höflichen und hilfsbereiten Stimme zu sprechen, als eine elektronische E-Mail zu schicken? Ja, das ist richtig.

Abgesehen davon, dass Ihnen jemand live zur Seite steht, besteht ein weiterer Vorteil eines Anrufbeantworters darin, dass Ihre Kunden umso besser über Ihre Produkte, ihre Merkmale, ihre Verfügbarkeit oder über neue Produkte, die demnächst auf den Markt kommen, informiert sind, je mehr sie wissen.

Es ist von Vorteil, zeitnahe und genaue Informationen über die Produkte Ihres Online-Shops zu erhalten; außerdem ist es für Unternehmen ratsam, einen Anrufbeantworter zur Verfügung zu haben, damit Ihre Kunden wiederkommen und zufrieden sind, dass sie angerufen haben.

Ein Anrufbeantworter schafft Vertrauen und zeigt Ihren Kunden, dass Sie ein seriöses Online-

Unternehmen sind, das einen echten Kundenservice bietet.

Die Inanspruchnahme eines renommierten Anrufbeantworters sollte ein Bestandteil Ihres gesamten Marketingplans sein, um Sie bei der Unterstützung und dem Wachstum Ihres Unternehmens zu unterstützen. Er ist erschwinglich und anpassungsfähig; Sie müssen nur herausfinden, welcher Anrufbeantworterdienst am besten zu den Anforderungen Ihres Einzelhandelsunternehmens passt.

KAPITEL 17
KUNDENSERVICE-TIPPS FÜR EINZELHÄNDLER, DIE SOFTWARE FÜR VERKAUFSSTELLEN VERWENDEN.

Nach Ansicht von Einzelhandelsexperten ist der Kundenservice heute das wichtigste Unterscheidungsmerkmal, insbesondere für unabhängige Einzelhändler. Zwar haben Einzelhändler die Möglichkeit, Rabatte zu gewähren, doch ist dies als Unterscheidungsmerkmal für ein Einzelhandelsunternehmen wirtschaftlich wenig sinnvoll.

Der Kundenservice hingegen ist König. Er ist eine Form des Marketings. Er ist wichtig für den Erfolg eines jeden Unternehmens. Einzelhändler haben eine Vielzahl von Marketingalternativen, wenn es um die Kundenbetreuung geht, insbesondere wenn sie eine gute Point-of-Sale-Software verwenden. Es gibt viele Möglichkeiten, wie Geschäfte eine effektive Point-of-Sale-Technologie nutzen können, um den Kundenservice zu verbessern, darunter folgende:

Verteilen Sie Quittungen. Quittungen schaffen Glaubwürdigkeit. Erwägen Sie, einen Mindestwert festzulegen, um den Druck auszulösen und so den Papierverbrauch zu minimieren. Legen Sie den Mindestwert in den meisten Fällen auf mehr als einen Artikel fest oder stellen Sie sicher, dass der Wert des einzelnen Artikels ausreicht, um eine Quittung zu erhalten. 4,95 $ ist ein hervorragender Verkaufswert für einen durchschnittlich großen unabhängigen Laden.

Wir schätzen Ihre Kunden. Achten Sie darauf, dass Sie auf Ihren Quittungen einen Vermerk über die Wertschätzung anbringen.

Konsistenz: Verwenden Sie das Programm, um ein Skript zu erstellen, das das Personal daran erinnert, die Begrüßung und das Dankeschön während einer Transaktion auszuführen.

Bieten Sie zusätzliche Anleitungen: Ratschläge zur Einrichtung, um jeden Artikel, den Sie verkaufen, zu erfassen. Wenn Sie einen Artikel scannen, wird dieser auf dem Bildschirm angezeigt. Machen Sie sich die Mühe, dies einzurichten, und lassen Sie Ihr Team diese Beratung als zusätzlichen, kostenlosen Service anbieten.

Verwenden Sie ein kundenorientiertes Display: Hier werden die gescannten Artikel und der berechnete Preis angezeigt. Das fördert das Vertrauen. Zu viele Einzelhandelsunternehmen tun dies nicht und versäumen es, ihre Kunden professionell zu beraten.

Jedes Kassensystem enthält Ratschläge und Praktiken für eine hervorragende Kundenbetreuung. Nehmen Sie sich die Zeit, sich weiterzubilden und diese zu übernehmen. Entwickeln Sie Ihr Team: Stellen Sie sicher, dass Ihr Team in der Lage ist, schnell auf Anfragen zu Konten und Warenbeständen zu reagieren.

Nutzen Sie die Software: Nutzen Sie die Point-of-Sale-Software, um die Differenzierung Ihres Unternehmens zu fördern. Wenn dies nicht der Fall ist, ist das Programm möglicherweise nicht für Ihr Unternehmen geeignet.

Rationalisieren Sie die Verarbeitung von Kreditkarten. Nutzen Sie die besten Praktiken der Branche, um sicherzustellen, dass Verkäufe effizient und mit der geringstmöglichen Verzögerung abgewickelt werden. Verwenden Sie Durchzugskarten an der Kasse.

Durch den Einsatz von Point-of-Sale-Software für die Verwaltung von Dienstleistungen kann das Unternehmen eine einheitlichere Ausführung von der Kasse bis zum Backoffice erwarten. Sie kann auch Tools zur Verfolgung der Kundenbeteiligung an den Kontaktpunkten des Kundensupports enthalten. In diesem Bereich kann die Technologie als Freund des

Unternehmens fungieren und zur Umsatzsteigerung beitragen.

KAPITEL 18
SCHULUNGEN FÜR DEN KUNDENDIENST IM EINZELHANDEL SIND EIN MUSS FÜR ALLE EINZELHANDELSUNTERNEHMEN.

Der Dienst am Kunden ist eine Anforderung an jeden Mitarbeiter, unabhängig von seinem Rang. Dies gilt insbesondere für Einzelhandelsunternehmen, da die Zufriedenheit der Kunden die Kaufbereitschaft und die Bereitschaft, das Geschäft wieder zu besuchen, beeinflusst.

Unternehmen begehen einen schwerwiegenden Fehler, wenn sie die Bedeutung wiederkehrender Geschäfte für ihr Endergebnis unterschätzen. Der sicherste Ansatz zur Sicherung von Folgegeschäften und gesunden Gewinnen ist der Aufbau eines Rufs für hervorragenden Kundenservice.

Jeder Mitarbeiter sollte bestrebt sein, einen hervorragenden Kundenservice zu bieten. Ohne diesen Service würde das Unternehmen scheitern, und es würden keine Arbeitsplätze geschaffen. Der Kundendienst ist wichtig für die Sicherheit des Arbeitsplatzes und die Lebensfähigkeit des Unternehmens.

Ein anständiger Standard für Mitarbeiter ist es, Kunden so zu bedienen, wie man selbst behandelt werden möchte, und sich an diese Erwartungen zu erinnern. Wir alle erwarten von Unternehmen, insbesondere von Einzelhandelsunternehmen, einen hervorragenden Kundenservice.

In Schulungen für Einzelhandelsmitarbeiter und Vorgesetzte sollte diese "goldene Regel" stets als einer der anzustrebenden Standards genannt werden. Sie sollte während der gesamten Dauer ihrer Beschäftigung immer wieder in Erinnerung gerufen werden.

Der Kunde sollte in jedem Einzelhandelsgeschäft an erster Stelle stehen. Sobald ein Kunde Ihr Geschäft betritt, sollten Sie sich auf ihn konzentrieren. Ohne Kunden gibt es kein Geschäft, und ohne Geschäft gibt es auch keine Arbeitsplätze.

Es ist wichtig, den Kunden richtig zu begrüßen. Würden Sie von einem traurig dreinblickenden Verkäufer begrüßt werden wollen, der seine Arbeit verachtet, wenn Sie ein neues Outfit kaufen? Nein. Wenn Sie die Kunden mit einem Lächeln begrüßen, laden Sie sie zum Einkaufen ein, erlauben ihnen, Fragen zu stellen, und ermutigen sie, ihr Geld und ihre Zeit in Ihrem Geschäft zu verbringen.

Es kommt vor, dass mehr Kunden aus unbekanntem Grund mit einem etwas schwierigeren Temperament ankommen. Wenn Sie Ihre Besucher jedoch mit einem fröhlichen "Ich liebe meinen Job" begrüßen, tragen Sie viel dazu bei, dass sie sich willkommen fühlen.

Der Umgang mit schwierigen Kunden ist ein wichtiges Thema, das in der Mitarbeiterschulung behandelt werden sollte, denn wir alle wissen, dass nicht alle Kunden ein Geschäft mit einem Lächeln betreten; dennoch kann auch dieses Szenario professionell gehandhabt werden. Wenn Sie in diesem Bereich Schwierigkeiten haben, haben Sie keine Angst; es gibt bewährte Strategien, die Ihnen helfen.

Im Einzelhandel ist ein regelmäßiger Blick auf den Kunden während des Einkaufs ein effizienter Ansatz, um den Eindruck zu vermitteln, dass das Unternehmen sein Geschäft schätzt und die Kundschaft zu schätzen weiß. Wenn Sie einen Kunden sehen, der verloren, verwirrt oder frustriert wirkt, sprechen Sie ihn an und fragen Sie, ob er Hilfe braucht.

Wenn Kunden in Ruhe einkaufen wollen, kann es sehr abschreckend sein, sie mit Informationen zu bombardieren. Informieren Sie sich über alle Produkte, die in Ihrem Geschäft verkauft werden, und seien Sie darauf vorbereitet, alle Fragen zu beantworten. Stellen Sie sicher, dass Sie alle

Antworten parat haben, die Sie brauchen, um einem Kunden im Voraus zu helfen, und sorgen Sie für ein Gleichgewicht bei der Darstellung Ihrer Produktkenntnisse.

In der Bekleidungsbranche überprüfen Einzelhandelsunternehmen regelmäßig die Kunden in der Umkleidekabine, aber vermeiden Sie es, die Kunden durch zu häufiges Unterbrechen zu verärgern. Wenn Sie um Ihre Meinung gebeten werden, antworten Sie stets offen und respektvoll.

Leiten Sie die Kunden zur Kasse, wenn sie ihre Auswahl getroffen haben und bereit sind zu bezahlen. Wenn Sie der Kassierer sind, vergewissern Sie sich, dass der Kunde alles zu seiner Zufriedenheit erledigt hat. Notieren Sie sich eventuelle Bedenken oder Vorschläge und leiten Sie diese nach Abschluss des Verkaufs an Ihre Geschäftsleitung weiter. Lächeln Sie immer. Danken Sie dem Kunden für seinen Einkauf in Ihrem Geschäft.

Einzelhandelsgeschäfte sollten einen ausgezeichneten Kundenservice bieten und ihre

Mitarbeiter regelmäßig daran erinnern, z. B. in Form von Kundenservice-Filmen oder Handbüchern. Die Kunden sollten das Gefühl haben, dass sie erwünscht sind, dass sie informiert werden und dass sie während des gesamten Kaufvorgangs unterstützt werden.

Geben Sie dem Kunden das Gefühl, dass er geschätzt wird, und er wird zu Ihrem Geschäft zurückkehren. Denken Sie daran, dass ein zufriedener Kunde von heute ein weiterer Kunde von morgen ist - Wiederholungsgeschäfte sind die Grundlage für den künftigen Erfolg eines Unternehmens.

KAPITEL 19
DIE GOLDENE REGEL DES KUNDENDIENSTES BEACHTEN.

"Behandelt andere so, wie ihr von ihnen behandelt werden wollt." Keine Sorge, ich versuche nicht, Sie davon zu überzeugen, die Sonntagsschule unter dem Deckmantel eines Geschäftsberichts zu besuchen! Allerdings wurde uns diese Regel in der einen oder anderen Form gelehrt, solange wir denken können. Viele Menschen bemühen sich, diese Regel täglich zu befolgen. Doch wie viele von uns halten sich im Geschäftsleben an diesen einfachen Gedanken?

Nach schlechten Verkaufsgesprächen sind die meisten Kunden nicht übermäßig unzufrieden mit dem Produkt oder der Dienstleistung. Es könnte zwar die Ursache des Problems gewesen sein. Die meisten Menschen verstehen jedoch, dass wir nicht in einer perfekten Welt leben und dass die Dinge nicht immer funktionieren! Wenn man darüber nachdenkt, ist dies vielleicht die wichtigste Regel, die man im Geschäftsleben befolgen sollte.

Die meisten Menschen verlassen diese Situationen verärgert über die Art und Weise, wie sie behandelt wurden. Sie glauben, dass sie für ein Produkt oder eine Dienstleistung bezahlt haben, die aus dem einen oder anderen Grund nicht richtig funktioniert hat. Das macht sie wütend, aber was sie wirklich wütend macht, ist das Gefühl, dass sich niemand darum kümmert.

Wir alle haben schon einmal schlechten Kundenservice erlebt. Diejenigen von uns, die im Verkauf tätig sind, haben schon auf beiden Seiten solcher Diskussionen gestanden. Wenn wir in der Rolle des Verkäufers sind, sind wir vielleicht nach einem langen Tag erschöpft. Vielleicht haben wir Schwierigkeiten in unserem Privatleben. Vielleicht sind wir an diesem Morgen einfach mit schlechter Laune aufgewacht. Nichts von alledem ist an sich falsch.

Unsere Aufgabe ist es jedoch, all diese Dinge beiseite zu schieben, um den Menschen zu dienen, für die wir entlohnt werden. Deshalb sollten Vertriebsmitarbeiter meiner Meinung nach gezwungen sein, den Grundkurs Schauspielerei zu absolvieren!

In einer idealen Welt wären wir immer daran interessiert, unseren Kunden zuzuhören und ihnen dabei zu helfen, die besten Optionen für sie zu finden. Aber wie wir alle wissen, ist das im Alltag fast unmöglich, es sei denn, man bekommt eine ordentliche Portion Prozac verschrieben! Verkäufer sind einfach: Menschen. Wir werden nicht immer in Bestform sein, aber wir müssen in der Lage sein, so zu "handeln", als ob wir es wären. Und zwar so überzeugend, als ob wir es wären!

Andererseits sind Verkäufer als Menschen ständig mit Umständen konfrontiert, in denen wir Verbraucher sind. Sicherlich sind Sie schon einigen Verkäufern begegnet, die Sie frustriert haben oder nicht so hilfreich waren, wie Sie es sich gewünscht hätten.

Wir werden niemals in allen unseren Verträgen mit Kunden perfekt sein. Aber nehmen wir einmal an, wir würden versuchen, im Umgang mit Verbrauchern immer die gute alte "Goldene Regel" zu beherzigen. Ich glaube, dann würde uns die Arbeit mehr Spaß machen, unsere Kunden wären glücklicher, und ja, auch unser Verdienst würde steigen!

KAPITEL 20 TIPPS ZUR VERBESSERUNG DES KUNDENDIENSTES IM EINZELHANDEL.

In diesem KAPITEL geht es um wirksame Tipps zur Verbesserung des Kundendienstes im Einzelhandel. Sie lauten wie folgt:

Binden Sie Ihre Mitarbeiter ein: Die Mitarbeiter müssen glauben, dass sie Teil von etwas sind, das größer ist als sie selbst. Kommunikation in beide Richtungen ist entscheidend, um sicherzustellen, dass sich Ihre Mitarbeiter für Ihr Unternehmen engagieren. Halten Sie mindestens einmal im Monat ein Treffen ab.

Bitten Sie sie auch um ihr Feedback in Form einer Umfrage oder eines Fragebogens: Befolgen Sie die Vorschläge, die sie machen. Schließlich sollten Sie Mitarbeiter, die überdurchschnittliche Leistungen erbracht haben, anerkennen. Stellen Sie denjenigen, die sich schwer tun, die notwendigen Ressourcen zur Verfügung, damit sie weiter lernen und motiviert und engagiert ein dynamisches Mitglied Ihres Unternehmens werden können.

Erwarten Sie von Ihren Mitarbeitern nichts weniger als das Beste und von Ihren Kunden nicht weniger: Die Kunden werden irgendwann erwarten, dass Sie dieses hervorragende Niveau des Kundendienstes aufrechterhalten, und sie werden wiederkommen, wenn sie es tun. Versuchen Sie alles, um Ihren Kunden einen gleichbleibend hochwertigen Service zu bieten. "Fehltage" sollten nicht toleriert werden, auch wenn die Personalstärke begrenzt ist.

Gratulieren Sie Ihren Mitarbeitern und erkennen Sie ihre Leistungen an. Mitarbeiter, die eine positive Einstellung zu ihrer Arbeit haben, bieten einen authentischeren Kundenservice. Sie können ihnen mit einer Urkunde im Pausenraum, einer Freistellung, einem Mittagessen oder einfach mit einem Schulterklopfen und einem "Gut gemacht!" gratulieren.

Überprüfen Sie regelmäßig Ihre Richtlinien und Verfahren, um sicherzustellen, dass sie nicht veraltet sind; stellen Sie sicher, dass Ihre Verfahren nicht übermäßig streng und Ihre Richtlinien nicht übermäßig langwierig und zeitraubend sind. Vergewissern Sie sich, dass die Richtlinien auf dem neuesten Stand sind und den Zweck des Unternehmens, nämlich die Bereitstellung eines hervorragenden Kundendienstes, widerspiegeln.

Achten Sie auf Ihre Kunden: Aktives Zuhören kann über Bindung oder Verlust eines Kunden entscheiden. Erkennen Sie die Anfragen und Bedenken Ihrer Kunden und gehen Sie darauf ein. Zeigen Sie Ihrem Kunden, dass Sie ihn verstanden haben. Bedanken Sie sich bei ihnen für ihr Feedback; es ist eine hervorragende Möglichkeit, Ihr Unternehmen weiterzuentwickeln und zu verbessern.

Erkundigen Sie sich bei einem Außenstehenden nach seiner Meinung über Ihr

Unternehmen. Ehrliches Feedback von Personen, die Sie respektieren, kann Ihnen dabei helfen, sicherzustellen, dass Ihr Unternehmen am besten aussieht und klingt! Betrachten Sie Ihr Unternehmen mit neuen Augen, um es mit den Augen Ihrer Kunden zu sehen. Vergewissern Sie sich, dass Ihre Anzeigen dynamisch und ansprechend sind, dass Ihre Sprachnachrichten aktuell und korrekt sind und dass Ihre Website und Ihre Facebook-Seiten aktuell sind.

Binden Sie Ihre Kunden ein: Pflegen Sie lebendige Auslagen und ermutigen Sie Ihre Besucher, die Neuheiten zu erkunden. Scheuen Sie sich nicht, nachzufragen, wie Sie Ihren Service verbessern können. Binden Sie ein Vielkäufer- oder Treueprogramm in Ihr Geschäft ein. Die Einführung von "Laden-Dollars", mit denen ein Kunde einen kleinen Bonus für seinen Einkauf bei Ihnen erhält, oder die Bereitstellung eines Gutscheins für Einkäufe, die einen bestimmten Dollarbetrag überschreiten, kann dazu beitragen, dass sich ein Kunde geschätzt fühlt.

Sagen Sie niemals "Nein!": Wenn ein Kunde um etwas bittet, finden Sie heraus, wie Sie diese Bitte erfüllen können. Wenn Sie ihm die Wahl lassen, kann das den Unterschied zwischen einem "Ja" und einem "Nein" ausmachen. Erkundigen Sie sich, was sie sonst noch befriedigen könnte.

Respektieren Sie Ihren Kunden: Wenn sie auf Hilfe warten, sollten Sie sie anerkennen. Wir wissen es zu schätzen, dass sie sich für Sie entschieden haben. Bitten Sie darum, dass sie in die Warteschleife gestellt werden. Wir wissen ihre Geduld zu schätzen. Bewahren Sie ein angenehmes Auftreten, und er wird ein treuer Kunde bleiben.

SCHLUSSFOLGERUNG.

Seit einigen Jahren recherchieren enttäuschte Kunden online über die Produkte, die sie kaufen möchten, um sicherzustellen, dass sie die besten Kaufentscheidungen treffen.

Sie durchforsten Produktbewertungen, Nutzerfeedback und sogar technische Vergleiche zwischen verschiedenen Produkten. Sie vergleichen Garantien, Haltbarkeit und die Erfolgsbilanz des Herstellers und des Händlers, bei dem sie den Kauf tätigen werden.

Meine eigenen Nachforschungen haben ihren Ursprung in den auffälligen Unterschieden im Serviceniveau einiger Geschäfte, vor allem derer mit schlechtem Kundendienst. Ohne verbindliche Empfehlungen des Personals wird ein Kunde, der in einem Geschäft mit schlechtem Kundenservice etwas kaufen möchte, keine Kaufentscheidung treffen.

Es überrascht nicht, dass die Servicelücke umso größer ist, je größer und teurer das Objekt ist. Bei hochpreisigen Artikeln ist eine gründliche Online-Recherche erforderlich, bevor ein Käufer einen Kauf tätigt. Wenn Kunden in ein Geschäft gehen, um etwas zu kaufen, geben sie in der Regel nur eine Bestellung auf und haben kaum Kontakt mit dem Verkäufer.

Die Kunden werden sich bewusst, dass sie jetzt die Aufgaben des Verkäufers im Geschäft übernehmen. All die Nachforschungen, die sie anstellen, damit das Ladenpersonal eine fundierte Kaufentscheidung treffen kann, sind nicht der Fall. Wie lange noch können die Verbraucher, die härter denn je arbeiten, um ihr Geld zu verdienen, einen minderwertigen Kundenservice in den Geschäften hinnehmen?

Die Verbraucher wachen auf, und eine Gegenreaktion bahnt sich an. Die Verbraucher wünschen sich eine Rückkehr zu einem exzellenten Kundenservice, aber sie erkennen auch etwas Neues: Customer Engagement. So etwas wie modernen Kundenservice gibt es nicht; in der Vergangenheit gab es den guten, altmodischen Kundenservice. Jetzt hebt das Kundenengagement das Kauferlebnis auf ein neues Niveau.

Was unterscheidet exzellenten Kundenservice von Customer Engagement? Zu einem exzellenten Kundenservice gehören hervorragende Produktkenntnisse, Vorführungen und Empfehlungen, die von sachkundigen und kompetenten Mitarbeitern im Geschäft ausgesprochen werden.

Zur Kundenbindung gehören alle oben genannten Punkte sowie ein gründliches Verständnis der Kundenbedürfnisse und der Aufbau einer langfristigen Beziehung zum Kunden. Ein Mitarbeiter, der sich auf den Kunden einlässt, lernt ihn nicht nur sehr gut kennen, sondern kann auch künftige Bedürfnisse des Kunden vorhersehen und Lösungen anbieten.

Ein Beispiel: Der engagierte Kunde von heute, der eine neue Spiegelreflexkamera kauft, teilt dem Verkäufer mit, dass er ein zusätzliches Objektivset kaufen möchte, sobald er die Feinheiten seiner neuen Kamera beherrscht.

Der Verkäufer kennt die Anforderungen und Kaufgewohnheiten des Kunden genau und hat eine enge Beziehung zu ihm aufgebaut. Er kennt auch die zukünftigen Kaufwünsche des Kunden und wird ihn beim nächsten Kauf begleiten.

Durch die Einbindung des Kunden wird eine Verbindung zwischen Ihrem Geschäft und dem Kunden hergestellt, der daraufhin Ihre Konkurrenz vergisst. Durch Kundenbindung können Sie sich von der Konkurrenz abheben und den Weg für künftige Verkäufe ebnen.

WERDEN SIE JETZT AKTIV.

1) Entwickeln Sie eine neue Kundendienstmethodik für Ihr Personal. Überlegen Sie, welche Maßnahmen Sie auf der Verkaufsfläche ergreifen werden, um den Kunden durch Kundeninteraktion mit Ihrem Geschäft zu verbinden.

2) Diskutieren Sie mit dem Verkaufspersonal, wie die Kundenbindung zu langfristigem Umsatz und Loyalität führt.

Management-Fähigkeiten für Führungskräfte.

1. Zeitmanagement für Manager
2. Mitarbeiter-Coaching für Manager
3. Teambildung für Manager
4. Selbstvertrauen für Manager
5. Verhandlungsgeschick für Manager
6. Kundenservice-Fähigkeiten für Manager
7. Durchsetzungsvermögen für Manager
8. Business-Knigge für Manager
9. Zuhörfähigkeiten für Manager
10. Führungsqualitäten für Manager
11. Kommunikationsfähigkeiten für Manager
12. Präsentationsfähigkeiten für Manager
13. Stressmanagement für Manager
14. Entscheidungsfindung für Manager
15. Konfliktmanagement für Manager.

Serie: Finanzielle Freiheit in jedem Alter.

- ➢ Finanzielle Freiheit in den 20ern erreichen
- ➢ Finanzielle Freiheit in den 30er Jahren
- ➢ Finanzielle Freiheit in den 40ern erreichen
- ➢ Finanzielle Freiheit in den 50ern erreichen
- ➢ Erreichen der finanziellen Freiheit in den 60ern
- ➢ Finanzielle Freiheit in den 70ern und darüber hinaus.
- ➢ Finanzielle Freiheit bei Kindern erreichen
- ➢ Finanzielle Freiheit bei Teenagern erreichen
- ➢ Finanzielle Freiheit bei Studenten erreichen.
- ➢ Finanzielle Betrügereien, vor denen man sich im Ruhestand in Acht nehmen sollte.

Serie: Persönliche Finanzen für Sie.
- ➢ Kauf und Verkauf von Kryptowährungen für Anfänger
- ➢ Warum es Sinn macht, in Dividendenaktien zu investieren.

Serie: Reichtum 2022.

1. Online-Unternehmertum.
2. Ihr eigenes Unternehmen gründen
3. Vermögensverwaltung
4. Passives Einkommen.
5. 12 Schritte zur Gründung Ihres eigenen Unternehmens.

Autor Bio

D.K. Hawkins. D.K. liest gerne persönliche Geschäftsbücher und verbringt Zeit in der Natur. Es werden noch mehr Bücher in dieser Sammlung erscheinen, also folgen Sie bitte auf Amazon für weitere Bücher.

Vielen Dank für Ihren Kauf dieses Buches.

Ich weiß es wirklich zu schätzen und schätze Sie, meinen ausgezeichneten Kunden.

Gott segne Sie.

D.K. Hawkins.

www.ingramcontent.com/pod-product-compliance
Lightning Source LLC
Chambersburg PA
CBHW050000230526
45465CB00003BB/1196